Tegernsee und Schliersee

**Martha und Werner Listl**

# Tegernsee und Schliersee

44 Radwanderungen für Genießer zwischen Isar und Inn
Mit 58 Farbfotos, 44 Wanderkärtchen im Maßstab 1: 100 000 sowie
1 Übersichtskärtchen im Maßstab 1: 200 000

**BERGVERLAG RUDOLF ROTHER GMBH · MÜNCHEN**

Umschlagbild:
Die Gunetsrain-Kapelle auf dem Stadlberg bei Miesbach.

Bild gegenüber dem Titel (Seite 2):
Der Maibaum von Berbling.

Alle Fotos stammen von den Autoren.

Kartographie:
Kartengrundlage Topographische Karte 1: 100 000, Blatt Nr. C 8338 Rosenheim und C 8334 Bad Tölz und 1: 200 000 Blatt Nr. CC 8734 Rosenheim. Vervielfältigung mit Genehmigung des Bayerischen Landesvermessungsamtes München, Nr. 4636/96 vom 13.08.1996.

Die Ausarbeitung aller in diesem Führer beschriebenen Wanderungen erfolgte nach bestem Wissen und Gewissen der Autoren.
Die Benützung dieses Führers geschieht auf eigenes Risiko.
Soweit gesetzlich zulässig, wird eine Haftung für etwaige Unfälle und Schäden jeder Art aus keinem Rechtsgrund übernommen.

1. Auflage 1996
© Bergverlag Rudolf Rother GmbH, München

ISBN 3-7633-5001-2

Druck und Bindung Rother Druck GmbH, München (2497/61082)

## ROTHER RADFÜHRER

Rund um den Bodensee • Fünfseenland – Ammersee, Starnberger See •
Pfaffenwinkel – zwischen Isar und Lech • Steiermark • Tergernsee und Schliersee •
Rund um Wien

**Liebe Radfreunde! Der Bergverlag Rother freut sich über jede Anregung und Berichtigung zu diesem Rother Radführer.**

**BERGVERLAG ROTHER • München**
**D-85521 Ottobrunn • Haidgraben 3 • Tel. (089) 60 86 69 - 10**

# Vorwort

Es war der bayerische König Max Joseph, der das Voralpenland als Sommerfrische neu entdeckte und »hoffähig« machte. 1817 kaufte er Kloster Tegernsee. Das war der Startschuß für »die Münchner«: Das »Land vor dem Gebirg'« kam in Mode.

Hofleute mit Gesinde, reiche Bürger, Herren und Siedler, Händler und Handwerker, Baumeister und Künstler, Alpinisten und Touristen folgten dem Ruf der Romantik, ihrer Sehnsucht nach Freiheit und Abenteuer und ihrem Entdeckungsdrang. Diese touristische Neuentdeckung gab den Menschen im Oberland eine neue Existenzgrundlage. Besonders das Gebiet um Tegernsee und Schliersee entwickelte sich zu einer Urlaubsregion ersten Ranges. Berge, Wälder und Seen ziehen nach wie vor Tausende an. Fremdenverkehr und Kurbetrieb blühen. Und dabei ist diese Gegend nicht nur ein Paradies für Wanderer, sondern auch für Radler. Auf vielen Nebenstraßen und Forstwegen und einigen angelegten Radwegen läßt sich unendlich weit radeln.

Aus diesem großen Angebot wurde hier eine Auswahl von 44 Radtouren getroffen. Dabei wurde vor allem an Rad-Wanderer gedacht. Weder Mountainbike-Freaks noch Rennrad-Sportler sind gemeint, sondern Wanderer auf Fahrrädern, Ausflügler also, Familien mit Kindern oder Senioren. Dementsprechend sind die beschriebenen Touren in diesem Buch im allgemeinen kurz und die Anforderungen gering. Das Erlebnis der Landschaft, eine gemütliche Einkehr oder die Möglichkeit zu einem erfrischenden Bad stehen im Vordergrund. Die Genießer unter den Radlern kommen also voll auf ihre Kosten. Aber auch ambitioniertere Fahrer werden fündig, denn alle Touren lassen sich durch eine Variante oder durch eine Nachbartour erweitern.

Schongau, im Frühjahr 1996　　　　　　　　　　　　Martha und Werner Listl

# Inhaltsverzeichnis

Vorwort . . . . . . . . . . . . . . . . . . . . . . . . . . . . . . . . . . . . . . . . . . . . . . . . . . . . . . . 5
Touristische Hinweise . . . . . . . . . . . . . . . . . . . . . . . . . . . . . . . . . . . . . . . . . 8
Das Wichtigste der Routen auf einen Blick . . . . . . . . . . . . . . . . . . . . . . 14

**Isartal**
  1  Von der Loisach zur Isar . . . . . . . . . . . . . . . . . . . . . . . . . . . . . . . . . . 18
  2  Zwischen Mangfall und Isar . . . . . . . . . . . . . . . . . . . . . . . . . . . . . . . 20
  3  Am Fuße von Blomberg und Zwiesel . . . . . . . . . . . . . . . . . . . . . . . . 22
  4  An der grünen Isar . . . . . . . . . . . . . . . . . . . . . . . . . . . . . . . . . . . . . . 24
  5  Im Isarwinkel . . . . . . . . . . . . . . . . . . . . . . . . . . . . . . . . . . . . . . . . . . . 26
  6  In die Jachenau . . . . . . . . . . . . . . . . . . . . . . . . . . . . . . . . . . . . . . . . . 28

**Mangfalltal und Tegernsee**
  7  Ausfahrt »aufs Land« . . . . . . . . . . . . . . . . . . . . . . . . . . . . . . . . . . . . 30
  8  Wege nach Süden . . . . . . . . . . . . . . . . . . . . . . . . . . . . . . . . . . . . . . 32
  9  Um den Seehammer See . . . . . . . . . . . . . . . . . . . . . . . . . . . . . . . . . 34
10  Zwischen Schaftlach und Gmund . . . . . . . . . . . . . . . . . . . . . . . . . . . 36
11  Durchs Mangfalltal zum Tegernsee . . . . . . . . . . . . . . . . . . . . . . . . . 38
12  Von Thalham bis St. Quirin . . . . . . . . . . . . . . . . . . . . . . . . . . . . . . . 40
13  Am Westufer des Tegernsees . . . . . . . . . . . . . . . . . . . . . . . . . . . . . 44
14  Söllbach- und Weißachtalrunde . . . . . . . . . . . . . . . . . . . . . . . . . . . . 46
15  Tegernsee und Rottach-Egern . . . . . . . . . . . . . . . . . . . . . . . . . . . . . 48
16  Von Enterrottach zur Langenau . . . . . . . . . . . . . . . . . . . . . . . . . . . . 52

**Leitzachtal und Schlierachtal**
17  Von Westerham nach Maxlrain . . . . . . . . . . . . . . . . . . . . . . . . . . . . 54
18  Eine Runde im Mangfall-Knie . . . . . . . . . . . . . . . . . . . . . . . . . . . . . . 56
19  Vom Mangfalltal zum Leitzachtal . . . . . . . . . . . . . . . . . . . . . . . . . . . 58
20  Von Irschenberg zum Auer Berg . . . . . . . . . . . . . . . . . . . . . . . . . . . 60
21  Eine Runde um Miesbach . . . . . . . . . . . . . . . . . . . . . . . . . . . . . . . . 62
22  An der Schlierach zum Schliersee . . . . . . . . . . . . . . . . . . . . . . . . . . 66
23  Von Gmund nach Wörnsmühl . . . . . . . . . . . . . . . . . . . . . . . . . . . . . 68
24  Rund um den Auer Berg . . . . . . . . . . . . . . . . . . . . . . . . . . . . . . . . . 70
25  Am Schliersee . . . . . . . . . . . . . . . . . . . . . . . . . . . . . . . . . . . . . . . . . . 72
26  Fischbachau im Leitzachtal . . . . . . . . . . . . . . . . . . . . . . . . . . . . . . . . 74
27  Schliersee-Leitzachrunde . . . . . . . . . . . . . . . . . . . . . . . . . . . . . . . . . 76
28  Vom Schliersee zum Wendelstein . . . . . . . . . . . . . . . . . . . . . . . . . . 78
29  Vom Schliersee zum Spitzingsee . . . . . . . . . . . . . . . . . . . . . . . . . . . 80
30  Um den Seeberg herum . . . . . . . . . . . . . . . . . . . . . . . . . . . . . . . . . . 82
31  An der Weißen und Roten Valepp . . . . . . . . . . . . . . . . . . . . . . . . . . 84
32  Vom »Zipflwirt« zum Spitzingsee . . . . . . . . . . . . . . . . . . . . . . . . . . . 86

**Mangfalltal und Rosenheimer Becken**
33 Auf dem Mangfalltal-Radweg . . . . . . . . . . . . . . . . . . . . . . . . . . . . . 88
34 Von Bruckmühl nach Irschenberg . . . . . . . . . . . . . . . . . . . . . . . . . . 90
35 Von Bad Aibling ins Hügelland . . . . . . . . . . . . . . . . . . . . . . . . . . . . 92
36 Von Bad Aibling nach Bad Feilnbach . . . . . . . . . . . . . . . . . . . . . . . 94
37 Um die Filze im Rosenheimer Becken . . . . . . . . . . . . . . . . . . . . . . 96
38 Von der Mangfall zum Sulzberg . . . . . . . . . . . . . . . . . . . . . . . . . . 100
39 Von Bad Feilnbach nach Rosenheim . . . . . . . . . . . . . . . . . . . . . . 102
40 Drei Badeseen am Radlweg . . . . . . . . . . . . . . . . . . . . . . . . . . . . . 104

**Inntal**
41 Brannenburg: Berg und Talfahrt . . . . . . . . . . . . . . . . . . . . . . . . . . 106
42 Rund um den Nußlberg . . . . . . . . . . . . . . . . . . . . . . . . . . . . . . . . 110
43 Inntalwege östlich des Flusses . . . . . . . . . . . . . . . . . . . . . . . . . . 114
44 Auf den Samerberg . . . . . . . . . . . . . . . . . . . . . . . . . . . . . . . . . . . 116

**Stichwortverzeichnis** . . . . . . . . . . . . . . . . . . . . . . . . . . . . . . . . . . . . 118

# Touristische Hinweise

**Zum Gebrauch des Führers**
Das Inhaltsverzeichnis informiert über den Aufbau des Buches und gibt einen Überblick über alle Radtouren. Die touristischen Hinweise vermitteln über die Routenbeschreibungen hinausgehende wertvolle Tips zu Fahrradverleih an Bahnhöfen und in den Orten, Schiffahrtslinien und Bergbahnen. Jeder Tourenvorschlag enthält neben dem stichwortartigen Routenverlauf und einer Kurzcharakteristik wichtige Informationen in Form eines »Steckbriefes«, in dem unter anderem die Dauer der Radtour und die Höhendifferenz festgehalten wird. Ihm folgt die Wegbeschreibung, die durch einen farbigen Kartenausschnitt mit eingetragenem Routenverlauf und ein Farbbild ergänzt wird. Wichtiger Bestandteil des Führers ist darüber hinaus das Stichwortverzeichnis am Schluß. Hier werden alle Ortschaften, Ausgangspunkte, Etappen- und Tourenziele aufgelistet. Zusammen mit den Übersichtskarten auf dem rückwärtigen Umschlag und auf Seite 16/17, aus denen die Lage der einzelnen Tourenvorschläge ersichtlich ist, erleichtert die Übersicht »Das Wichtigste der Routen auf einen Blick« auf Seite 14/15 die Tourenauswahl erheblich.

*Blick vom Stadlberg nach Süden.*

## BERGBAHNEN

| Talort | Name der Bahn | Höhe Tal/Berg | 1. Fahrt um/Uhr | Bemerkungen |
|---|---|---|---|---|
| Bad Tölz | Blombergbahn | 734/1248 | 9.00 | Sommerrodelbahn |
| Brannenburg | Wendelstein-A | 508/1723 | 9.00 | Zahnradbahn |
| Osterhofen | Wendelstein-B | 792/1724 | 9.00 | Kabinenseilbahn |
| | (Wendelsteinrundfahrt/Omnibus A-B-A oder umgekehrt von Mitte Mai bis Mitte Okt. außer Sa., So. und Feiertage) | | | |
| Spitzingsee | Stümpflingbahn | 1112/1506 | 8.45 | Sessellift |
| Spitzingsee | Taubensteinbahn | 1100/1613 | 8.45 | Kabinenseilbahn |
| Lenggries | Brauneckbahn | 700/1530 | 8.20 | Kabinenseilbahn |
| Tegernsee | Suttenbergbahn | 975/1506 | 9.00 | Sessellift |
| Rottach-E. | Wallbergbahn | 790/1620 | 8.30 | Kabinenseilbahn |

**Wegbeschreibungen**
Zu Hause können Sie sich in Ruhe die Strecke im Kartenausschnitt ansehen und anhand des Steckbriefes und der Wegbeschreibungen den Verlauf der Radtour nachvollziehen.
Auch wenn zahlreiche Tourenvorschläge vor Ort recht gut beschildert sind, sollten Sie diesen handlichen Führer unbedingt auf Ihre Radtour mitnehmen, denn schnell einmal fährt man am entscheidenden Abzweig vorbei und ist dann froh, sich anhand von Kartenausschnitt und Wegbeschreibung neu orientieren zu können. Sehr hilfreich ist es hierbei, wenn man seinen Kilometerzähler beim Start auf Null gestellt hat.

**Einkehrmöglichkeiten**
Einige Einkehrmöglichkeiten (mit Angabe der Ruhetage) werden im Beschreibungskopf der jeweiligen Tour genannt. Natürlich gibt es in den Ausgangsorten und in den (größeren) Orten an der Strecke noch zahlreiche Gasthäuser, Cafés, Biergärten und Restaurants, die hier nicht alle aufgeführt werden können.

**Anforderungen und Fahrzeiten**
Die angegebenen Fahrzeiten richten sich immer nach den langsamen Fahrern einer Radlergruppe, also in der Familie wahrscheinlich nach den Kindern und Senioren. Deshalb wurde ein Durchschnittstempo von 15 km/h zugrundegelegt; darüber hinaus wurde für 200 Höhenmeter bergauf jeweils ca. ½ Std. angesetzt. Außerdem wurde auch der Zustand der Strecke mit bedacht.

Achtung: Trotzdem verstehen sich alle Zeiten als reine Fahrzeiten ohne Pannen, Pausen, Verirrungen, Wegesuche, Fußwanderungen, Einkehr und Besichtigungen. Übrigens: Jede Tour läßt sich verlängern – durch eine Nachbartour, die meist nur mit unerheblichem Mehraufwand erreicht werden kann oder gar die Streckenführung kreuzt.

Zur besseren Einschätzung der anzutreffenden Schwierigkeiten sind die Tourenvorschläge mit farbigen Routennummern in drei Schwierigkeitsgrade unterteilt, welche sich folgendermaßen erklären:

### Blau
Problemlose Wege: Der Routenverlauf ist meist recht einfach zu finden, und die Wege und Straßen sind immer gut befahrbar.

### Rot
Interessante Wege: Diese Tourenvorschläge sind zwar insgesamt noch gut befahrbar, jedoch muß bei der Orientierung die Wegweisung schon genau beachtet werden.

### Schwarz
Anspruchsvolle Wege: Die Befahrbarkeit dieser Routen ist Jedermann noch ohne Mountainbike möglich, doch werden erhebliche Anforderungen an die Orientierung gesetzt. Für Pfadfinder empfehlenswert.

## SCHIFFAHRT AUF DEM TEGERNSEE

**SOMMERFAHRPLAN**
(die Beförderung von Fahrrädern ist nicht möglich)
Info: Staatliche Schiffahrt Tegernsee
Seestr. 70, 83684 Tegernsee, ✆ 08022/4760

### RUNDFAHRTEN IM SÜDLICHEN SEETEIL (ca. 1 bis 1¼ Std.)

| | | |
|---|---|---|
| Tegernsee (Ortsmitte) | ab 9.30 bis 17.30 | alle 15 bis 30 Min. |
| Rottach-Egern (Ortsmitte) | ab 9.43 bis 17.28 | alle 15 bis 30 Min. |
| Bad Wiessee (Ortsmitte) | ab 9.45 bis 17.45 | alle 15 bis 30 Min. |

Entfernung zum Bahnhof Tegernsee ca. 900 m
Entfernung zum Bahnhof Gmund ca. 1000 m

### GROSSE SEERUNDFAHRTEN (ca. 1¾ Std.)

| | | |
|---|---|---|
| Tegernsee (Ortsmitte) | ab 10.00 bis 16.48 | alle 30 bis 60 Min. |
| Rottach-Egern (Ortsmitte) | ab 10.13 bis 16.31 | alle 30 bis 60 Min. |
| Bad Wiessee (Ortsmitte) | ab 9.45 bis 17.05 | alle 30 bis 60 Min. |
| Gmund | ab 11.10 bis 15.45 | alle 30 bis 60 Min. |

*Die Weißachklamm.*

## FAHRRAD AM BAHNHOF

### ÖFFNUNGSZEITEN

| Vermietbahnhof | Mo – Fr | Sa | So- u. Feiertag |
|---|---|---|---|
| **Bad Aibling**<br>☏ 08061/2458 | 7.00 – 11.30<br>13.30 – 18.00 | 7.30 – 11.10<br>——— | ——— |
| **Bad Tölz**<br>☏ 08041/74404 | 6.40 – 11.45<br>13.00 – 18.00 | 6.40 – 11.45<br>13.00 – 18.00 | 8.40 – 11.45<br>13.00 – 18.00 |
| **Bayrischzell**<br>☏ 08023/616 | 4.50 – 20.30 | 5.40 – 20.30 | 6.30 – 20.30 |
| **Fischhausen-Neuh.**<br>☏ 08026/71216 | 5.10 – 20.10 | 6.00 – 13.00<br>14.00 – 20.10 | 6.50 – 13.00<br>14.00 – 20.10 |
| **Lenggries**<br>☏ 08042/8711 | 8.30 – 11.30<br>12.45 – 18.00 | 8.30 – 11.30<br>(Rückgabe bis 18.00 mögl.) | 8.30 – 11.30 |
| **Oberaudorf**<br>☏ 08033/1422 | 9.00 – 11.45<br>13.15 – 17.15 | 9.00 – 11.45<br>——— | ——— |
| **Rosenheim**<br>☏ 08031/16734 | 6.00 – 20.00<br>(Fahrradstation am Bhf. mit anderen Preis.+Bed.) | 8.00 – 10.00 | 18.00 – 19.00 |
| **Schaftlach**<br>☏ 08021/213 | 7.30 – 11.30<br>15.00 – 18.00 | 7.30 – 11.30<br>15.00 – 18.00 | 7.30 – 11.30<br>15.00 – 18.00 |
| **Schliersee**<br>☏ 08026/6497 | 8.00 – 12.20<br>13.30 – 18.00 | keine Schalteröffnung | keine Schalteröffnung |
| **Tegernsee**<br>☏ 08022/4467 | 8.00 – 12.00<br>13.00 – 19.00 | 8.00 – 11.45<br>13.00 – 19.00 | 8.00 – 11.45<br>13.00 – 19.00 |

Mietgebühr: 7 DM (11 DM) ohne Schaltung, 9 DM (13 DM) mit 3-Gang-Schaltung (pro Tag, für Nichtbahnfahrer Preis in der Klammer, Rückgabe am Vermietbahnhof). Radtransport mit der Bahn:
Alle Züge der Deutschen Bahn AG, die in den Fahrplänen mit dem Fahrradsymbol gekennzeichnet sind, befördern im Rahmen des verfügbaren Laderaums Fahrräder. Voraussetzung ist, daß man das Rad selbst ein-, um- und auslädt und eine Fahrradkarte gelöst hat. Im Fernverkehr gibt es eigene Gepäckwagen oder ein Fahrradabteil, in Nahverkehrszügen kann man das Rad in Gepäckwagen oder im Gepäckabteil beziehungsweise in den Einstiegsbereichen oder Mehrzweckabteilen der Reisezugwagen aufbewahren, soweit Platz vorhanden ist und andere Reisende dadurch nicht behindert werden. In allen Fernverkehrszügen ist für die Fahrradmitnahme eine Platzreservierung erforderlich. Nur wenn das Zugpersonal noch freie Stellplätze bestätigt, darf man sein Zweirad auch ohne Platzreservierung einladen. Alle InterRegio-Züge führen in Zukunft einen Wagen mit Fahrradabteil, in dem acht Räder Platz finden.

## FAHRRADVERLEIH IN DEN ORTEN

| ORT | STRASSE / HAUS | NAME | ✆ |
|---|---|---|---|
| Au | Hauptstr. 17 | Antretter Georg | 08064/315 |
| Bad Aibling | Bahnhofstr. 1 | Fahrr.-Station/Bhf. | 08061/2458 |
| Bad Feilnbach | Münchner Str. 20 | Grasl Jakob | 08066/401 |
| Bad Feilnbach | Riesenfeldstr. 6 | Lutz Peter | 08066/1518 |
| Bad Tölz | Ludwigsprom. 18 | Haus des Gastes | 08041/504/720 |
| Bad Wiessee | Dr.-Scheid-Str. 19 | F. Schmid | 08022/83619 |
| Bad Wiessee | Sanktjohanserstr. 65 | Schieg u. Frühholz | 08022/81216 |
| Bayrischzell | Am Minigolfplatz | Verkehrsverein | 08023/1455 |
| Brannenburg | Bahnhofstr. 60 | Heizöl Krapf | 08034/2706 |
| Brannenburg | Rosenheimer Str. 5 | Verkehrsamt | 08034/4515 |
| Bruckmühl | Schlesierweg 14 b | Fahrräder Sepp Eder | 08062/1493 |
| Fischbachau | Kirchplatz 10 | Verkehrsamt | 08028/876 |
| Flintsbach | Seeweg 8 | Hans Stocker | 08034/1877 |
| Kiefersfelden | Kufsteiner Str. 10 | Sport Ebner | 08033/6262 |
| Kiefersfelden | Alte Rathausstr. 21 | Fahrrad Popp | 08033/8567 |
| Kreuth | Ghs.Riedler-Stub'n | T. u. A. Hörth | 08029/1243 |
| Kreuth | Raineralmweg | Sport- u. Freiztanlg. | 08029/1223 |
| Kreuth-Reitrain | Tegernseer Str. 78 | Radsp. Zehendmaier | 08022/67279 |
| Lenggries | Gaißacher Str. 1 | Sport Sepp | 08042/2589 |
| L.-Wegscheid | | Jak. Willibald | 08042/2408 |
| L.-Wegscheid | | Adlwarth Franz | 08042/8317 |
| Neubeuern | Eichenstr. 22 | Josef Unterhuber | 08035/5758 |
| Neuhaus | | Kurverwaltung | 08026/7355 |
| Nußdorf a. Inn | Mühltalweg 12 | Ghf. Heuberg | 08034/2335 |
| Oberaudorf | Kufsteiner Str. 26 | Stiftl | 08033/2584 |
| Rosenheim | a.Bhf./Südtir. Platz | Fahrr.-Station/Bhf. | 08031/16734 |
| Rottach-Egern | Fürstenstr. 28 | P. Eiblwieser | 08029/6123 |
| Rottach-Egern | Karl-Theodor-Str. 69 | Zweirad Stemmer | 08029/65288 |
| Schliersee | Miesbacher Str. 20 | Radsport Rebel | 08026/4658 |
| Schliersee | | Kurzentrum | 08026/6902 |

## Das Wichtigste der Routen auf einen Blick

| Nr. | Ausgangsort | Länge/km | Höhenmeter | Fahrzeit/Std. |
|---|---|---|---|---|
| 1 | Bad Heilbrunn | 28 | 240 | 2½ |
| 2 | Schaftlach | 25 | 140 | 2 |
| 3 | Bad Tölz | 20 | 170 | 2 |
| 4 | Bad Tölz | 22 | 190 | 2 |
| 5 | Bad Tölz | 26 | 90 | 2 |
| 6 | Wegscheid | 30 | 220 | 2½ |
| 7 | Holzkirchen | 26 | 90 | 2¼ |
| 8 | Holzkirchen | 32 | 95 | 2¼ |
| 9 | Weyarn | 22 | 145 | 2 |
| 10 | Schaftlach | 26 | 140 | 2¼ |
| 11 | Krottenthaler Alm | 32 | 210 | 2¾ |
| 12 | Thalham | 34 | 230 | 2¾ |
| 13 | Kaltenbrunn | 19 | 230 | 1¾ |
| 14 | Bad Wiessee | 28 | 310 | 2¾ |
| 15 | Tegernsee | 24 | 270 | 2¼ |
| 16 | Rottach-Egern | 36 | 300 | 3¼ |
| 17 | Westerham | 28 | 60 | 2 |
| 18 | Westerham | 22 | 155 | 2 |
| 19 | Götting | 26 | 310 | 2¼ |
| 20 | Irschenberg | 31 | 250 | 2¾ |

*Etliche Touren kann man mit der ganzen Familie unternehmen.*

*Rottach-Egern am Tegernsee.*

| | | | | |
|---|---|---|---|---|
| 21 | Müller am Baum | 25 | 290 | 2½ |
| 22 | Thalham | 28 | 110 | 2¼ |
| 23 | Gmund | 40 | 410 | 3½ |
| 24 | Greisbach | 19 | 300 | 2 |
| 25 | Schliersee | 18 | 240 | 1¾ |
| 26 | Fischbachau | 26 | 320 | 2½ |
| 27 | Aurach | 27 | 220 | 2¼ |
| 28 | Fischhausen | 25 | 60 | 2 |
| 29 | Fischhausen | 27 | 600 | 3½ |
| 30 | Fischb.-Hammer | 26 | 180 | 2¼ |
| 31 | Stuttenbahn/Talst. | 26 | 380 | 2½ |
| 32 | Ursprungtal/Zipflwirt | 36 | 751 | 4½ |
| 33 | Bruckmühl | 38 | 70 | 2¾ |
| 34 | Bruckmühl | 28 | 320 | 2½ |
| 35 | Bad Aibling | 34 | 270 | 2¾ |
| 36 | Bad Aibling | 30 | 110 | 2¼ |
| 37 | Oberwöhr | 40 | 75 | 3 |
| 38 | Mitterhart | 28 | 70 | 2 |
| 39 | Bad Feilnbach | 37 | 90 | 2¾ |
| 40 | Kleinholzhausen | 35 | 40 | 2½ |
| 41 | Brannenburg | 27 | 100 | 2 |
| 42 | Mühlbach | 26 | 130 | 2 |
| 43 | Rohrdorf | 28 | 30 | 2 |
| 44 | Nußdorf | 24 | 310 | 2¼ |

# 1 Von der Loisach zur Isar

Querwege vor dem Nordrand der Berge

**Bad Heilbrunn – Nantesbusch – Bad Tölz – Wackersberg – Bad Heilbrunn**

**Ausgangsort:** Bad Heilbrunn, 682 m.
**Ausgangspunkt/Parkmöglichkeit:** Ghs. Reindlschmiede (1,3 km nördl. von Bad Heilbrunn).
**Strecke und Fahrzeit:** 28 km, 2½ Std.
**Anforderungen:** 240 Hm Steigungen, verkehrsarm, überwiegend geteert.
**Einkehrmöglichkeiten:** Ghs. Reindlschmiede (Mo Ruhetag), s.o.; Hotel-Rest. Strasserhof (Mo Ruhetag), Bad Tölz/Wackersberg.
**Bademöglichkeiten:** »Alpamare«, ganzj. geöffnet, tägl. 8.00–21.00 Uhr, 3 Std. ca. 25,00 DM/Ki. 19,00 DM, im Kurzentrum von Bad Tölz, ✆ 08041/509334; Schönauer Weiher bei Bad Heilbrunn.
**Sehenswert:** Das »Alpamare« und die Aussicht vom Buchberg.

Bad Tölz hat sich im 12. Jh. aus einer Ansiedlung von Flößern, Köhlern, Holzknechten, Steinbrechern und Kalkbrennern an der Floßlände bei der Isarbrücke entwickelt. Hier war ein wichtiger Kreuzungspunkt der Salzstraße mit der Isar. Die Entdeckung der Jodquellen am Sauersberg 1846 führte bald dazu, daß der Ort als Bad anerkannt wurde.

Vom **Parkplatz** fahren wir zuerst los: Wir radeln westwärts (Mürnsee), dann nördlich (Hohenbirken) und nehmen Abschied von der Loisach, wenn wir rechts herum nach Nantesbuch fahren und unsere Filz-Runde beenden, indem wir zwischen Großem und Kleinem Karpfsee hindurch zur »**Reindlschmiede**« zurückkehren. Dann überqueren wir die Straße nach der Brücke und verschwinden links auf dem ungeteerten Feldweg in den Wald (2,2 km Richtung Ramsau). In Ramsau folgen wir den Wegweisern nach Oberbu-

*Erfrischendes Bad nach der Tour im Schönauer Weiher bei Bad Heilbrunn.*

chen, biegen dort rechts ein, treten nach **Linden** hinauf und schwenken bei Glaswinkl rechts auf die Straße nach **Bad Tölz** ein.
Wir stoßen im Stadtbereich, bergab, geradewegs auf die Buchener Straße und kommen rechts (Seppstraße, über den Parkplatz schieben!) zum »Alpamare« an der Ludwigstraße. Wer Lust hat, kann im Erlebnisbad (mit vielen Rutschen, Labyrinth, Achterbahn, Wellenbad u.v.m.) eine Pause einlegen.
Unser Rückweg über Berliner Platz und Kyreinstraße führt uns an der Bürgermeister-Stollreither-Promenade beim **Isarsteg** vorbei und auf der Königsdorfer Straße auswärts über zwei Brückerl. Beim zweiten fahren wir links in die Bachstraße hinauf, am Gemeindeamt Wackersberg vorbei, und mühen uns auf dem Peterbauerweg ganz hinauf bis zur Autostraße, auf der wir beim Herweg hinuntergesaust sind. Wir überqueren sie und radeln gegenüber (durch den Golfplatz) zum »Strasserhof« (schöne Aussichts-Café-Terrasse) hinauf. Es geht immer weiter aufwärts, bis wir auf der anderen Seite des **Buchbergs** endlich wieder hinunterrollen dürfen (ungeteert). Hinter den beiden Höfen (Wörnern) halten wir uns geradeaus auf dem Wiesenweg, ebenso geradeaus geht es beim **Wanderwegtaferl** mitten auf der Wiese weiter (150 m schlechter Weg). Dann müssen wir uns am Waldrand 20 m über Stufen zur Hammerschmiede hinunterplagen, von wo wir noch 500 m bis **Ramsau** haben. Da kennen wir uns wieder aus und fahren auf dem uns bekannten Weg zum **Ausgangspunkt** zurück.

# 2 Zwischen Mangfall und Isar

Wald-, Feld- und Dorfwege nach Bad Tölz

**Schaftlach – Reichersbeuern – Greiling – Bad Tölz – Gaißach – Schaftlach**

**Ausgangsort:** Schaftlach, 764 m.
**Ausgangspunkt:** Bahnhof Schaftlach.
**Parkmöglichkeit:** Am Bahnhof.
**Strecke und Fahrzeit:** 25 km, 2 Std.
**Anforderungen:** 140 Hm Steigungen.
**Einkehrmöglichkeiten:** Ghs. Jägerwirt (Di u. Fr Ruhetag) in Gaißach-Dorf; Bachkapellenhof (Mo Ruhetag) in Greiling (bei der Unterführung).
**Bademöglichkeiten:** Freischwimmbad Eichmühle, ✆ 08041/3639; »Alpamare« Bad Tölz, ✆ 08041/509334 (s. Tour 1).
**Sehenswert:** Badeplatz Eichmühle und Aussichtsberg Gaißach.

Knapp bevor wir die Hälfte der Tour geschafft haben, kommen wir am romantischen Freibad Eichmühle vorbei, das ein gewisses Flair hat. Eine kurze Erfrischungspause ist hier sehr zu empfehlen!
Im südlichen Ortsteil von **Schaftlach**, wo die Alex-Gugler-Straße rechtwinkelig abknickt, zweigt der Westerpoltweg zum Bahndamm hinaus ab und läuft geteert in den Wald hinein. (Die Passage durch den Wald sollte man sich für den Rückweg gut einprägen!) Nach 1 km macht unser Waldweg einen Linksknick, und wir kommen 900 m weiter an eine 4-Wege-Kreuzung (rechts

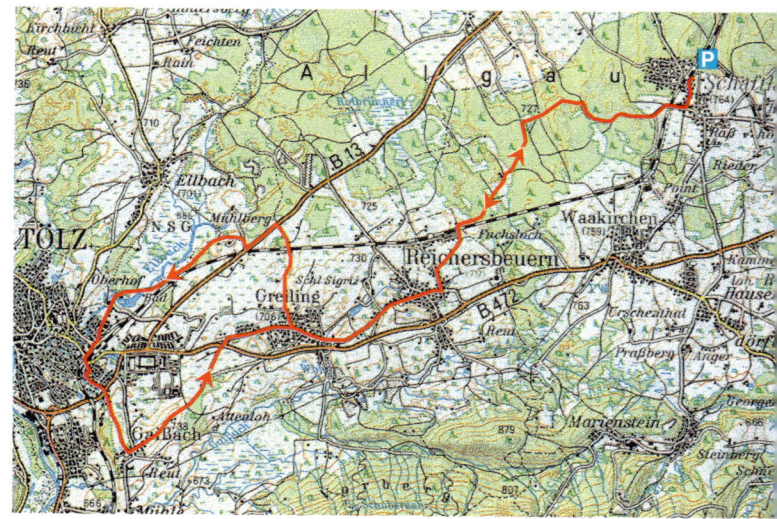

*Der Kirchturm von Gaißach unter bayrisch weiß-blauem Himmel.*

ginge es nach Sachsenkam, links nach Waakirchen). Wir radeln geradeaus, bis nach 200 m wieder ein Weg nach Waakirchen links abbiegt. Wir fahren aber nochmal 100 m geradeaus weiter!
Erst jetzt biegen wir links ab, fahren auf **Reichersbeuern** zu und radeln vom Bahnhof aus auf dem Schongerweg ins Dorf hinein, an der Kirche vorbei und auf der Tölzer Straße nach **Greiling**. Nach der Greilinger Kirche schwenken wir rechts herum und fahren auf der Sachsenkamer Straße zur B 13 hinüber, auf die wir links einbiegen. Schon 600 m weiter verlassen wir die Bundesstraße wieder nach rechts. Gleich beim ersten Hof (Fischverkauf) zweigt der Wanderweg ab, auf dem wir, bald an der Bahn entlang, zur **Eichmühle** in **Bad Tölz** fahren.
Wir radeln zum Tölzer Bahnhof und daran vorbei zur Bahnunterführung. Hinter ihr fahren wir rechts durch die Kolpingstraße und durch die Gaißacher Straße zum Holzsteg über die Umgehungsstraße B 472. Drüben nehmen wir den Fußweg nach **Gaißach** und biegen dort hinter dem »Jägerwirt« links ab. Dieser Feldweg läuft über den Hügelkamm (Aussicht) und in Richtung **Greiling** abwärts und führt, jetzt wieder geteert, nach Greiling hinein zur Kirche. Von dort fahren wir so nach **Schaftlach** zurück, wie wir hergekommen sind.

# 3  Am Fuße von Blomberg und Zwiesel

Von der Moraltalm zur Waldherralm

**Bad Tölz – Blombergbahn – Wackersberg – Waldherralm – Bad Tölz**

**Ausgangsort:** Bad Tölz, 657 m.
**Ausgangspunkt/Parkmöglichkeit:** Café Moraltalm (am Nordrand von Bad Tölz).
**Strecke und Fahrzeit:** 20 km, 2 Std.
**Anforderungen:** 170 Hm Steigungen.
**Einkehrmöglichkeiten:** Tölzer Schießstätte (Do Ruhetag), Kiefersau 13; Ghs. Neuwirt (Do u. Fr Ruhetag) in Wackersberg; Ausflugsgaststätte Waldherralm (Mo u. Di Ruhetag) bei Wackersberg-Lehen am Waldrand.
**Bademöglichkeiten:** »Alpamare« in Bad Tölz, ℂ 08041/509334, Freibad in Arzbach, ℂ 08042/8888.
**Sehenswert:** Der Blomberg mit der 1226 m langen Sommerrodelbahn (9.00–18.00 Uhr).
**Variante:** Bei Steinbach kann man auf dem Wanderweg W9 zur Isar und durch die Isarauen zurück nach Bad Tölz gelangen.

Bemerkenswert bei dieser Radtour ist die Haglandschaft um Wackersberg. Nach der Rodung des Waldes im 13. Jh. erhielt jeder Bauer einen Streifen Land hinter seinem Haus, was man besonders gut an den Baum- und Heckenreihen (Hage) erkennen kann, die zwischen Bad Tölz und Lenggries (Grundnern) von der Terrassenkante des Flusses zu den Bergen hin das Weideland handtuchartig abteilen. So entstand die Haglandschaft.

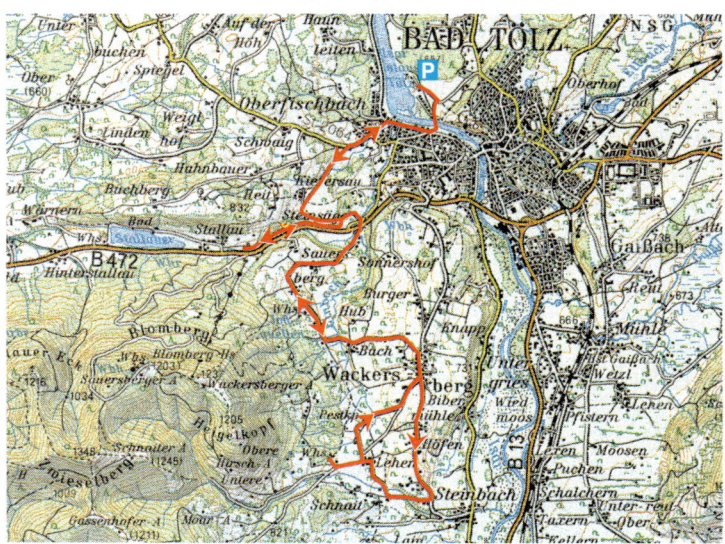

Wir radeln von der **Moraltalm** auf dem guten Fahrweg zum **Tölzer Isarsteg** (auf ihm müssen wir *schieben*) und kommen auf dem jenseitigen Flußufer rechts über den Parkplatz beim Eisschießplatz auf die Königsdorfer Straße. Auf ihr fahren wir auswärts über zwei kleine Brücken. Bei der zweiten Brücke schwenken wir in die Bachstraße ein, treten aufwärts bis zur Gemeindeverwaltung **Wackersberg** und müssen dann, leider, auf die Autostraße hinaus. Nach 250 m bergauf biegen wir links ab, fahren an der Schießstätte vorbei abwärts und nehmen unten den Wanderweg-Abkürzer rechts zur Talstation der **Blombergbahn**.

Zur Unterbrechung der Radtour bieten sich mehrere Möglichkeiten: Die Blombergbahn transportiert Rodel-Fans nach oben zum Startpunkt der Sommerrodelbahn, wo ein 1226 m langes Rutschvergnügen wartet. Dorthin kann man natürlich auch zu Fuß gelangen. Wer jedoch mit Radeln schon genug ausgelastet ist, kann sich im nahe der Talstation gelegenen Café »Nirwana« mit Apfelstrudel und Kaffee stärken.

Der Wanderweg neben der B 472 bringt uns dann auch wieder zurück, diesmal zum Gasthaus »Ruh am Bach«. Wir fahren durch die Unterführung der B472, passieren **Wackersberg** und kommen bis kurz vor Steinbach. Wir halten uns rechts nach Lehen und radeln hinauf zur **Waldherralm** am Waldrand. An der Pestkapelle vorbei, finden wir über Wackersberg auf demselben Weg zurück, auf dem wir anfangs hergekommen sind.

*Eine Abfahrt auf der Sommerrodelbahn ist nicht nur für Kinder ein Vergnügen.*

# 4 An der grünen Isar

Isarauf und isarab durch Hage und Auen

**Bad Tölz – Gaißach – Attenloh – Lehen – Grundnern – Arzbach – Bad Tölz**

**Ausgangsort:** Bad Tölz, 657 m.
**Ausgangspunkt/Parkmöglichkeit:** Freischwimmbad Eichmühle, ✆ 08041/3639, am Nordostrand von Bad Tölz.
**Strecke und Fahrzeit:** 22 km, 2 Std.
**Anforderungen:** 190 Hm Steigungen.
**Einkehrmöglichkeiten:** Landghf. Zur Mühle (Mi Ruhetag) in Gaißach-Mühl; Landghf. Zachschuster (Di Ruhetag) in Untergries; Ghf. Kramerwirt (Mo u. Di Ruhetag) in Arzbach.
**Bademöglichkeiten:** Am Ausgangspunkt und im »Alpamare«, ✆ 08041/509334.
**Sehenswert:** Hage, Frühlingsheide und Wacholder.

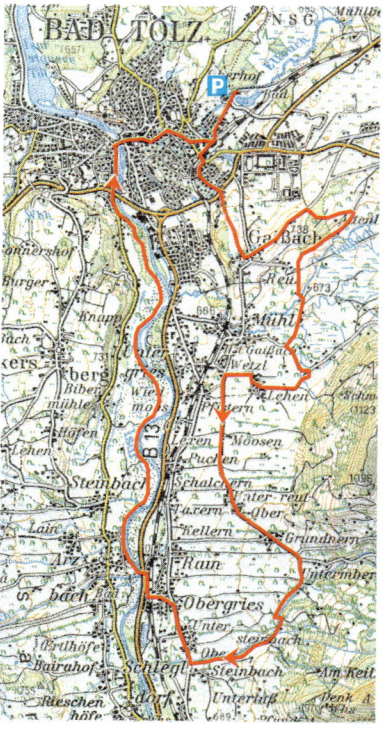

Nach der Radtour empfiehlt sich ein ausgiebiger Bummel durch die malerische Fußgängerzone von Bad Tölz mit seinen schmucken Häusern, schönen Geschäften und zahlreichen Wirtshäusern und Cafés. Wer im Spätherbst hier ist, sollte sich den berühmten Leonhardi-Ritt am 6. November nicht entgehen lassen, wo die Tölzer in ihren Trachten und mit geschmückten Truhenwagen und Pferdegespannen auf den Kalvarienberg wallfahren.

Vom **Freischwimmbad** fahren wir am Bahnhof vorbei und durch die Unterführung zur Kolpingstraße und Gaißacher Straße. Nach der Überquerung der B 472 auf einem Holzsteg gelangen wir auf den Wanderweg nach **Gaißach**. Dort fahren wir um den »Jägerwirt« herum (links) auf dem Feldweg über den Hügelrücken abwärts in Richtung Greiling, biegen aber schon beim Wald rechts ein nach **Attenloh** (dort gibt es geräucherte Forellen).

Es folgt eine halbe Runde durch die Filze, zuerst südlich bis zum Teerweg, dann links herum und direkt auf den Vorberg zu. Schließlich kurven wir

*Eine gemütliche Straße entlang der Hage bei Grundnern.*

rechts herum nach **Lehen**, dort um zwei Ecken und hinüber zur Straße (nach Lenggries), auf die wir links (südlich) einbiegen.
Wir spurten nach **Grundnern** und biegen 500 m dahinter halbrechts ab, um (250 m weiter) am Steinbach entlang zu den Höfen von Obersteinbach an der Straße hinunterzurollen. Weiter geht's nordwärts. In **Obergries** verlassen wir die Lenggrieser Straße und fahren von der Geländekante zum Obergrieser Bahnhof hinunter und dahinter durch die kleine Unterführung zum **Isarsteg**. Auf ihm überqueren wir den Fluß bei Obergries-**Arzbach** und schwenken drüben sofort rechts herum. Wir genießen die Fahrt auf dem Isarauen-Wanderweg TL bis zur Isarbrücke in **Bad Tölz**.
Nach der Brücke müssen wir durch die Marktstraße schieben, dann finden wir über die Salzstraße und Bahnhofstraße leicht wieder zum **Ausgangspunkt** zurück.

# 5  Im Isarwinkel

Wege zwischen Berg und Bad

**Bad Tölz – Lenggries – Wegscheid – Anger – Lenggries – Bad Tölz**

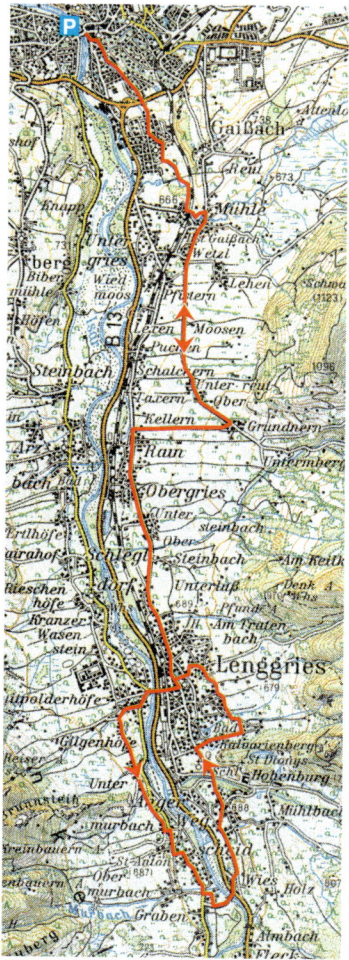

**Ausgangsort:** Bad Tölz, 657 m.
**Ausgangspunkt/Parkmöglichkeit:** Am Isarkai (an der Brücke).
**Strecke und Fahrzeit:** 26 km, 2 Std.
**Anforderungen:** 90 Hm Steigungen (über die Ufer der Isar).
**Einkehrmöglichkeiten:** Ghs. Stockerwirt (Mo Ruhetag) in Wegscheid.
**Bademöglichkeiten:** »Erlebnisbad Isarwelle« Lenggries, ✆ 08042/500855 (Mo geschlossen).
**Bergbahn:** Brauneck-Kabinenseilbahn bei Lenggries (8.20–16.30 Uhr).
**Sehenswert:** Das Isartal und das Bergwandergebiet Brauneck.

Kalkbrenner-, Holzknechte-, Flößer- und Wilderer-Romantik haben den Isarwinkel und seinen Mittelpunkt, Lenggries, schon früh bekannt gemacht. Das Isartal ist hier 4 km breit. 70 Prozent des 242 km$^2$ umfassenden Gemeindegebietes stehen heute unter Naturschutz.

Gegenüber der Brücke am Isarkai in **Bad Tölz** folgen wir der Krankenhausstraße, die später zur Sonnleitenstraße wird. An ihrem Ende läßt sie uns über einen 10 m langen Fuß- und Radweg hinunterschlüpfen und unter der Umgehungsstraße B472 durch in derselben Richtung wie bisher über die Enzianstraße, Edelweißstraße, Scharwinkelweg und am Gaißachbach entlang nach **Mühl** weiterradeln.

Man kann aber auch mit der Bahn bis zur **Haltestelle Gaißach** fahren,

und von da aus mit dem Rad zum Rathaus von Mühl und zum Gasthof »Mühle«.
Wir fahren am Landgasthof »Mühle« vorbei und geradeaus über Moosen nach **Grundnern**, wo wir rechts abwärts genüßlich an den Hagen entlang bis nach Rain geradezu schweben. Wir kommen am »Pulverwirt« vorbei und treten nun kräftig in die Pedale: nach Süden!
In **Lenggries** radeln wir über die Isarbrücke und folgen den Schildern zur Talstation der **Brauneckbahn**. Etwa 100 m vor ihrem Parkplatz radeln wir links auf dem Fuß- und Radweg weiter und folgen dem Höhenweg nach **Wegscheid**. Am »Stockerwirt« vorbei fahren wir auf der Jachenauer Straße und Am Sagbach zur Bretonenbrücke. Drüben halten wir uns rechts, radeln auf der Sylvensteinstraße nach **Anger** und weiter nach **Lenggries**.
Dort überqueren wir die Hohenburgstraße, dann geht es rechts aufwärts durch die Schönbergstraße und auf den Ludwig-Thoma-Weg! Es geht immer noch weiter bergauf, dann oben nach links hinüber und endlich abwärts zum Oberreitenweg. An seinem Ende, rechts, sehen wir schon zum Bad hinüber (Goethestraße).
Anschließend rollen wir durch die Bachmairgasse abwärts, an der Kirche vorbei und immer geradeaus weiter abwärts zur Isarbrücke. Ab hier folgen wir dem Herweg zum **Ausgangspunkt** zurück.

*Bergauf, bergab ... Ihr Autor läßt grüßen.*

# 6  In die Jachenau

Über den Berg und durchs Jachental

**Lenggries – Leger – Rehgrabenalm – Höfen – Jachenau – Leger – Lenggries**

**Ausgangsort:** (Lenggries-)Wegscheid, 687 m.
**Ausgangspunkt/Parkmöglichkeit:** Ghs. Stockerwirt in Wegscheid.
**Strecke und Fahrzeit:** 30 km, 2½ Std.
**Anforderungen:** 220 Hm (1/3 ungeteerte Waldwege, 2/3 Autostraße).
**Einkehrmöglichkeiten:** Café Landerer Mühle (12.30–18.30 Uhr) in Leger; Ghs. Zur Post (Mo Ruhetag) in Jachenau.
**Variante:** Ab Jachenau eine Fahrt rund um den Walchensee (ca. 1½ Std. zusätzlich).

Diese Tour eignet sich gut für Langschläfer. Nach dem späten Frühstück bietet sie eine ordentliche, jedoch begrenzte Anstrengung, nach der man sich, wieder in Leger, mit Kaffee und Kuchen belohnen darf.

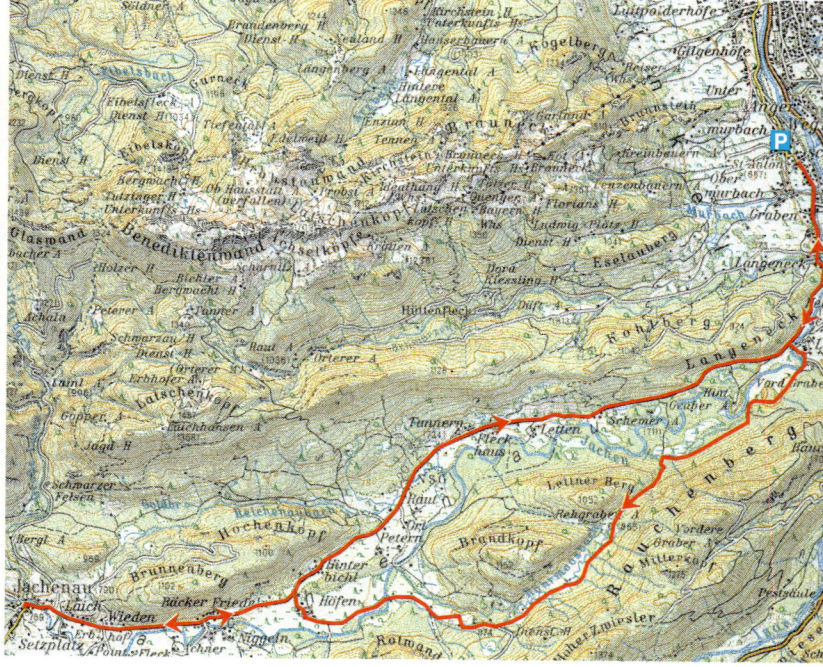

*Lüftlmalerei an einem Hof im Jachental.*

Nach der kurzen Anfahrt von **Lenggries** verläuft unsere Tour hinter **Leger** zunächst auf einem für Kfz gesperrten lieblichen Wald- und Wiesenweg. Bald stößt er aber rechtwinkelig auf einen links steil aufwärts führenden, anstrengenden Kiesweg zur **Rehgrabenalm**, 865 m. Wer kein Mountainbike hat, wird hier wohl eher absteigen und schieben. Bergblumen am Weg neben dem Röhrmoosbach lohnen die Mühe.
Nach 11 km erreichen wir bei **Höfen** im Jachental die Autostraße und fahren bis zu unserer Wendemarke: **Jachenau**.
Im Jachental stehen die Höfe einsam, im Ort Jachenau gruppieren sie sich um die Kirche St. Nikolaus. Erst nach 1830 entdeckten die ersten Sommergäste diesen stillen Winkel, in den bis dahin nur die Flößer (Jachen – Isar – Donau usw.) Neues »aus der Welt« mit zurückgebracht hatten.
Wer noch Lust auf mehr hat, der kann von hier aus über Niedernach und Einsiedel eine Rundfahrt um den Walchensee anhängen und sollte hierfür ca. 1½ Std. veranschlagen. Es geht meist eben dahin, und landschaftlich ist diese Verlängerung ein Genuß.
Von Jachenau aus kehren wir auf der Straße »in einem Saus« wieder zurück zum **Ausgangspunkt**.

# 7 Ausfahrt »aufs Land«

Rundweg zwischen Holzkirchen und Valley

**Holzkirchen – Thann – Warngau – Unterdarching – Valley – Hohendilching – Sollach – Fellach – Holzkirchen**

**Ausgangsort:** Holzkirchen, 699 m.
**Ausgangspunkt/Parkmöglichkeit:** Bahnhof Holzkirchen.
**Strecke und Fahrzeit:** 26 km, 2¼ Std.
**Anforderungen:** 90 Hm Steigungen, verkehrsarm, geteert.

**Einkehrmöglichkeiten:** Eräustüberl Valley (Di Ruhetag) in Valley. Gst. Zum Barte-Wirt (Di u. Mi Ruhetag) in Kreuzstraße.
**Bademöglichkeit:** Hallenbad Holzkirchen, ✆ 08024/642-81, Ferien ab 9.30 Uhr, Schulzeit ab 13.00 Uhr; Freibad Osterwarngau.

Ein lohnender Abstecher von dieser Tour führt nach Valley, wo am Rande der Mangfallschlucht das Bräustüberl mit gemütlichem Biergarten, das Schloß und die Brauerei Graf Arco beisammen stehen und zur ausgiebigen Rast einladen.

Wir fahren vom Bahnhof **Holzkirchen** südlich zur Rechtskurve vor der Kirche und schlüpfen bei der zweiten Abzweigung links (Thanner Str.) hinaus »aufs Land«. Mühelos schnurrt das Rad leicht abwärts. In **Thann** rechts, nach 1 km links aufwärts, kommen wir über Sufferloh zum Bahnhof **Warngau**. Zur

*Auf dem Weg ins Mangfalltal zur Aumühle bei Valley.*

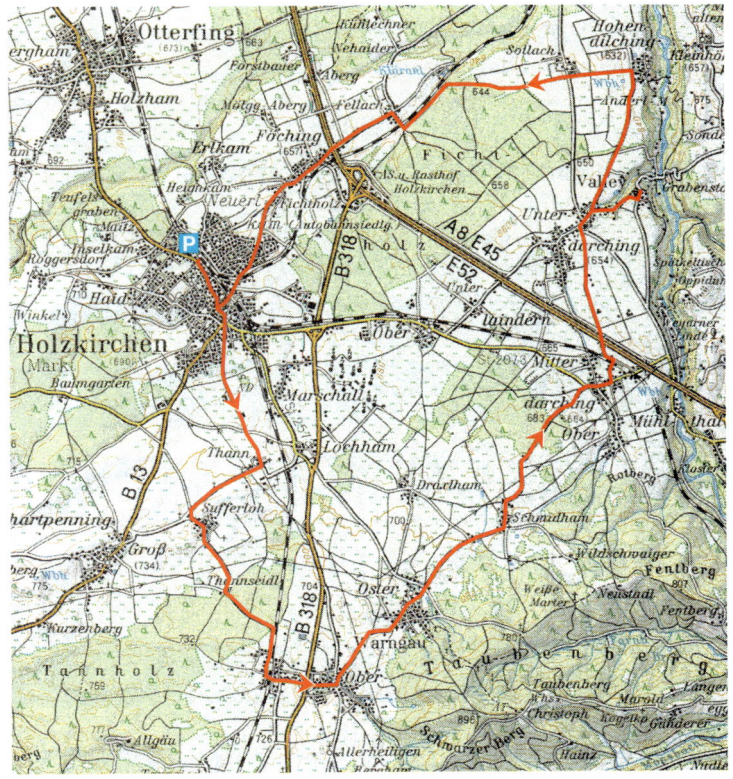

Kirche von Warngau gelangen wir durch eine Unterführung der B 318. Dann radeln wir über Osterwarngau, Schmidham und Mitterdarching nach **Unterdarching**. Den Abstecher nach **Valley** nun nicht verpassen, denn die 1,5 km hierher lohnen sich!

Danach spurten wir über Unterdarching nach **Hohendilching**, wo wir rechtwinklig links abbiegen (eine Weiterfahrt in derselben Richtung brächte uns zur Kreuzstraße/Einkehr mit Biergarten). Auf einer herrlichen Radlbahn sausen wir nach **Sollach** und später am Waldrand entlang zur Bahnlinie. Wir überqueren sie nach **Fellach** hinein, wo wir links herumschwenken und ohne Zaudern neben der Straße nach **Holzkirchen** hineintrudeln. Rechts geht's wieder zum Ausgangspunkt.

# 8 Wege nach Süden

Durch Wälder und Bauernland zwischen Holzkirchen und Schaftlach

## Holzkirchen – Osterwarngau – Schaftlach – Oberwarngau – Holzkirchen

**Ausgangsort:** Holzkirchen, 699 m.
**Ausgangspunkt/Parkmöglichkeit:** Bahnhof Holzkirchen.
**Strecke und Fahrzeit:** 32 km, 2¼ Std.
**Anforderungen:** 95 Hm Steigungen, verkehrsarm, geteert.
**Einkehrmöglichkeiten:** In Holzkirchen, Warngau und Schaftlach.
**Bademöglichkeit:** Hallenbad Holzkirchen, ✆ 08024/642-81, Ferien ab 9.30 Uhr, Schulzeit ab 13.00 Uhr; Freibad Osterwarngau.
**Tip:** Von Schaftlach über Gmund nach Tegernsee und zurück fährt sonntags im Juni, August und September (14tägig) der »Historische Localbahndampfzug«. Auskünfte erhält man am Bahnhof Tegernsee, ✆ 08022/4467 oder ✆ 08022/91660.

Bei dieser Radtour fahren wir auf verkehrsarmen Nebenwegen durch Wälder und Felder und genießen es sehr – ohne Hast. Endlich Ferien!

*Von Schaftlach aus kann man mit dem Historischen Dampfzug nach Gmund fahren.*

Wir fahren vom **Bahnhof** zur Rechtskurve vor der Kirche, nehmen die zweite Abzweigung nach links und radeln auf der Thanner Straße nach Thann und weiter geradeaus auf unserer Straße nach Lochham. Dort biegen wir rechts ab nach Draxlham und da, wieder rechts, nach **Osterwarngau** (Kirche).

Jetzt fahren wir durch Warngau nach Allerheiligen, wo wir rechts abzweigen und über Reitham zur B 318 radeln. Nach kaum 100 m auf der Bundesstraße sehen wir rechts den Feld- und Waldweg nach **Allerer** abzweigen (kurz nach Allerer bietet sich links ein Abstecher zur Krottenthaler Alm/Einkehr an). Auf ihm erreichen wir nach einer herrlichen Walddurchfahrt (Teerdecke) **Schaftlach**, radeln an der Kirche und am Bahnhof vorbei und übers Bahngleis. Sofort dahinter nehmen wir, links, die Reutbergstraße und radeln durch die Siedlung und in den Wald hinein. So stoßen wir vor der B 13 auf die Straße rechts nach **Piesenkam**. (Links geht es nach Sachsenkam und weiter zum Kloster Reutberg, wo ein wunderbar gelegener Biergarten und der nahegelegene Kirchsee zur Rast einladen.)

In Piesenkam zweigt mitten im Ort unser Weg links ab und führt uns durch den Wald über Allgäu und Tannried zum Bahnhof **Warngau**. Davor schwenken wir rechts ein und fahren durch die Unterführung der B 318 zur Warngauer Kirche hinüber. Von da aus finden wir auf dem uns schon bekannten Weg zurück nach **Holzkirchen**.

# 9 Um den Seehamer See

Spritztour mit Bademöglichkeit

**Weyarn – Großseeham – Auerschmiede – Kleinpienzenau – Reichersdorf – Weyarn**

**Ausgangsort:** Weyarn, 670 m.
**Ausgangspunkt/Parkmöglichkeit:** Ghs. Alter Wirt, Miesbacher Straße 2, Weyarn.
**Strecke und Fahrzeit:** 22 km, 2 Std.
**Anforderungen:** 145 Hm, 1 km ungeteert und steil.
**Einkehrmöglichkeiten:** Ghs. Alter Wirt, Weyarn; Landghf. Auerschmiede, ✆ 09025/1380, an der Leitzach nahe Oberhasling.
**Bademöglichkeiten und Bootsverleih:** Bei Großseeham (am Wanderweg).
**Sehenswert:** Seehamer See, Kloster Weyarn (Hinweis an der Kirchentür: läuten!) und bäuerliches Hinterland.

*Der Seehamer See – einer der Höhepunkte auf dieser Radtour.*

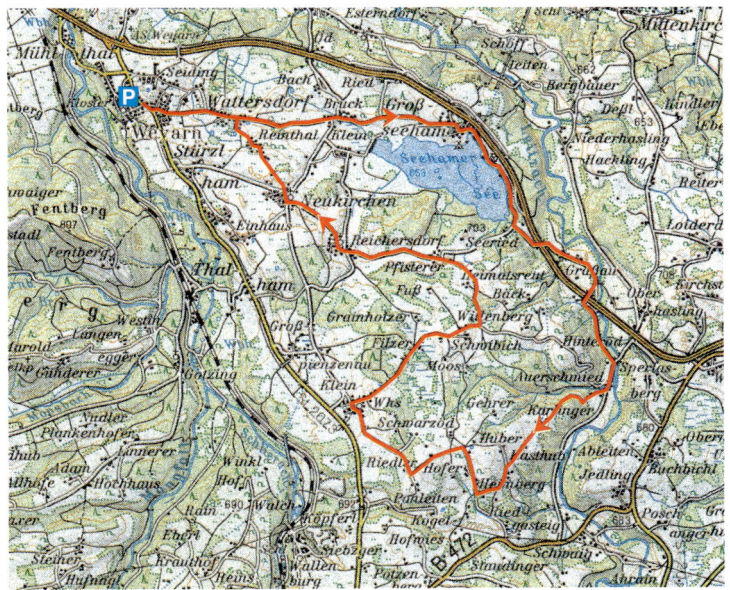

Vor oder nach der Fahrradtour sollte man auf jeden Fall dem Kloster Weyarn mit seiner Kirche St. Peter und Paul von 1687–93 einen Besuch abstatten. Innen darf man Holzschnitzereien von I. Günther bewundern, J.B. Zimmermann schmückte den Raum mit farbenfrohen Fresken und mit Stuck in Rokokomanier.

Vom **Ausgangspunkt** führt uns unser Weg über Wattersdorf und Bruck nach **Großseeham**. Am See entlangfahrend genießen wir rechter Hand die schöne Natur und freuen uns zugleich, daß wir nicht, wie die Autos links von uns, auf der Autobahn einem fernen Ziel stundenlang entgegenrasen müssen. Mit diesem Feriengefühl im Bauch schwingen wir auf der wenig befahrenen Straße lustvoll durch weite Kurven abwärts, unter- und überqueren die A 8 und »landen« zwangsläufig beim Landgasthof »**Auerschmiede**«.

Wir treten/schieben 50 m weiter (nicht den Weg gleich beim Parkplatz aufwärts benützen) und nehmen nach dem Brückerl den ungeteerten Waldweg hinauf Richtung Berger, Hofer, Wienbauer und hinüber über Riedler nach **Kleinpienzenau**. Dort fahren wir auf der Teerstraße über Giglberg und Pfisterer nach **Reichersdorf** und weiter über Neukirchen, Reinthal und Wattersdorf zum **Ausgangspunkt** zurück.

## 10 Zwischen Schaftlach und Gmund

Wege für Tourenfahrer und Pfadfinder

**Schaftlach – Einhaus – Marienstein – Reichersbeuern – Schaftlach**

**Ausgangsort:** Schaftlach, 764 m.
**Ausgangspunkt/Parkmöglichkeit:** Bahnhof Schaftlach.
**Strecke und Fahrzeit:** 26 km, 2¼ Std.
**Anforderungen:** 140 Hm Steigungen, sehr unterschiedliche Wege.
**Einkehrmöglichkeiten:** Ghs. Zur Post (Mo u. Di Ruhetag) in Schaftlach; Ghs. Krottenthaler Alm (Di u. Mi Ruhetag) an der B318; Whs. Feichtner Hof in G.-Finsterwald.

**Bademöglichkeit:** Strandbad Seeglas in Gmund, ℂ 08022/76129.
**Sehenswert:** Waldwege, Hagwege, Steinberg-Aussicht.
**Tip:** Von Schaftlach über Gmund nach Tegernsee und zurück fährt sonntags im Juni, August und September (14tägig) der »Historische Localbahndampfzug«. Auskünfte erhält man am Bahnhof Tegernsee, ℂ 08022/4467 oder ℂ 08022/91660.

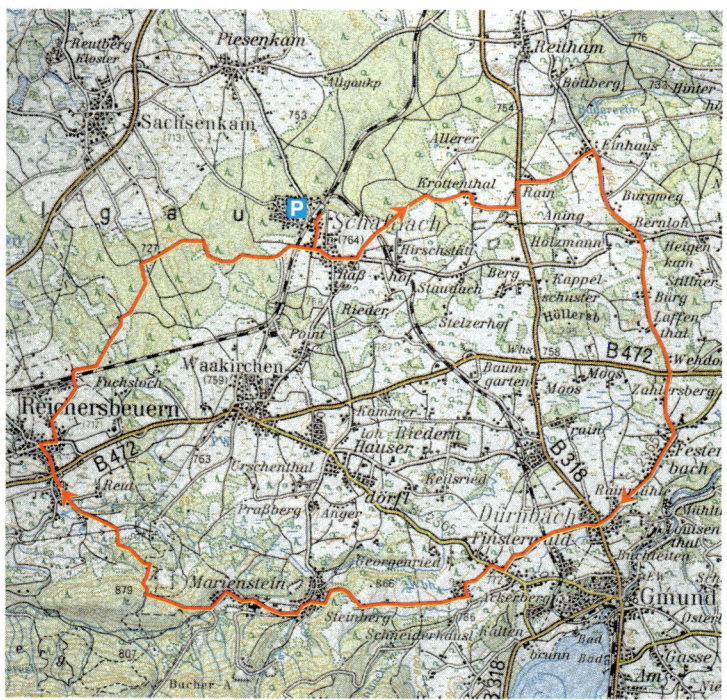

Erst 1883 wurde Gmund Bahnstation, 1903 Tegernsee. Von da an entwickelte sich auch der Fremdenverkehr. Vor dem Bau der Bahnlinie hatte man mit der Postkutsche von München bis zum Tegernsee ganze dreizehn Stunden gebraucht, danach nur noch drei! Unseren Ausgangspunkt können wir von Tegernsee aus auch mit dem historischen Dampfzug erreichen.

Vom **Bahnhof** fahren wir zur Kirche und auf der Bürgermeister-Erl-Straße 400 m weit, bis wir links abbiegen und am Sport- und Trachtenheim vorbei in den Wald radeln. So kommen wir zur B 318: Rechts liegt die Krottenthaler Alm und links, beim nächsten Abzweig rechts setzen wir unseren Weg nach **Einhaus** fort, wo wir wieder rechts einschwenken.

*Radler werden immer wieder neugierig beschnuppert.*

In Bernloh passen wir auf, daß wir die Abzweigung rechts auf den schmalen Weg nach Bürgtal, Laffental, Wehdorn, Gschwend und Festenbach hinunter nicht übersehen! Dann überqueren wir die B318 und spurten nach **Finsterwald** (Ghf. Weidenau) hinüber.

Links (aber auch rechts) führt ein Weg in die Siedlung an der Steinbergstraße (unser nächstes Ziel). Von da aus geht's hinauf zum Golfplatz(-Gebäude) auf dem Steinberg, davor rechts und hinunter (steil!) nach **Marienstein**.

Wir strampeln an der Zementfabrik vorbei und ganz hinter zum Wald, wo wir unseren Weg nach Reichersbeuern vor dem Bach rechts in den Wald hinein leicht ansteigend verschwinden sehen. Er mündet in **Reichersbeuern** beim Sägewerk und führt unter der B 472 durch mitten in den Ort.

Auf dem Bahnhofsweg, über die Gleise, dann nach rechts, gelangen wir auf den Wanderweg durch den Wald (seitliche Abzweiger beachten wir nicht). Nach 1 km bleiben wir bei der Gabelung auf dem linken Weg, der geradeaus weiterführt, und biegen erst 600 m weiter rechts ab. Nach weiteren 700 m geht es nochmals rechts nach **Schaftlach**. Im Ort (links) kehren wir auf der Alex-Gugler-Straße zum Ausgangspunkt zurück.

# 11 Durchs Mangfalltal zum Tegernsee

Geteerte Nebenwege und Schleichwege

**Krottenthaler Alm – Thalmühl – Gmund – Quirinuskapelle – Holz – Moosrain – Schaftlach – Krottenthaler Alm**

**Ausgangsort:** Schaftlach, 764 m.
**Ausgangspunkt/Parkmöglichkeit:** Krottenthaler Alm (an der B318).
**Strecke und Fahrzeit:** 32 km, 2¾ Std.
**Anforderungen:** 210 Hm Steigungen.
**Einkehrmöglichkeiten:** Ghf. Gut Kaltenbrunn in Gmund-Kaltenbrunn; Ghf. Weidenau (Di abend, Mi Ruhetag) in Finsterwald.
**Bademöglichkeit:** Strandbad Seeglas in Gmund, ✆ 08022/76129.
**Schiffsrundfahrten:** Ab Kaltenbrunn von 11.05–15.40 Uhr halbstündlich.
**Sehenswert:** Tegernsee, Quirinuskapelle.

Die Quirinuskapelle in Bad Wiessee-Rohbogen ist das Ziel unserer Radtour: Sie ist aus Holz über der vom Tegernseer Abt Kaspar Ayndorffer Ende des 15. Jh. entdeckten und gefaßten Ölquelle errichtet worden, mit der in Bad Wiessee alles begann. Man weihte sie dem Heiligen, »dessen Fürbitte man diese Gnadengabe Gottes ob seiner Wirkungen zuschrieb«. Bald kamen scharenweise Heilungssuchende und nahmen das Öl in kleinen Fläschchen mit. Aus diesen Anfängen beim Dorf »Wesses« entstanden der Kurbetrieb und der Ort Bad Wiessee.

Wir radeln von der **Krottenthaler Alm** 500 m auf der B 318 nördlich und verlassen sie dann nach rechts (Wegweiser). Über Einhaus und Bernloh spurten wir in Richtung Wall, biegen aber schon vorher südwärts ab und erreichen so den Lehner an der B472. Es folgen 300 m Bundesstraße bergab. Hier heißt es aufpassen: am Fuße des Berges schwenken wir bei **Thalmühl** in einer Spitzkehre rechts ein ins **Mangfalltal**.

Wir strampeln neben dem Fluß durchs schattige Tal nach **Gmund** hinauf und treten dort auf der Wiesseer Straße nach Kaltenbrunn hinüber. Beim Gasthof »Gut Kaltenbrunn« »parken« wir unsere Drahtesel und wandern zur Schiffsanlegestelle am Seeufer hinunter. Auf einer Schiffsrundfahrt zeigt sich uns der See in seiner ganzen Schönheit.

Anschließend schlüpfen wir gegenüber der Bushaltestelle Kaltenbrunn durchs Gebüsch (Weg nach Holz) und fahren auf Bad Wiessee zu, zuletzt am Golfplatz entlang bis Rohbogen. Dort entdecken wir kaum das unscheinbare, fast versteckte **Quirinuskapellchen**, wo wir wieder umkehren.

Wir kommen auf gut beschildertem Weg zurück nach **Holz-Nord** (nicht rechts hinunter abbiegen!) und zur kleinen Schwaiger-Kapelle (Auskünfte über die Kapelle im Nachbarhaus, J. Bichler, Holz Nr. 15). Dahinter biegen wir links aufwärts ab, fahren über »Schneiderhäusl«, lassen die Siedlung an der Steinbergstraße links liegen und rollen jetzt halbrechts zur Straße (Kinder!) und links zum Gasthof »Weidenau« in Finsterwald. Direkt neben dem Gasthof radeln wir (Dürnbacher Straße) gut 100 m weiter und zweigen dann links ab nach **Moosrain**. Dort geht es durch die Bahnhofstraße zur Schaftlacher Straße und neben dem Bahngleis über die B 472. An Fuchsbichler, Hochholz und Marold vorbei gelangen wir durch den Wald zur Straße Waakirchen – Schaftlach und auf ihr nach **Schaftlach** hinein. Kurz vor der Kirche biegen wir rechts (Bürgermeister-Erl-Straße) ab, nach 400 m geht es links zum Sport- und Trachtenheim, und von dort kehren wir durch den Wald zum Ausgangspunkt zurück.

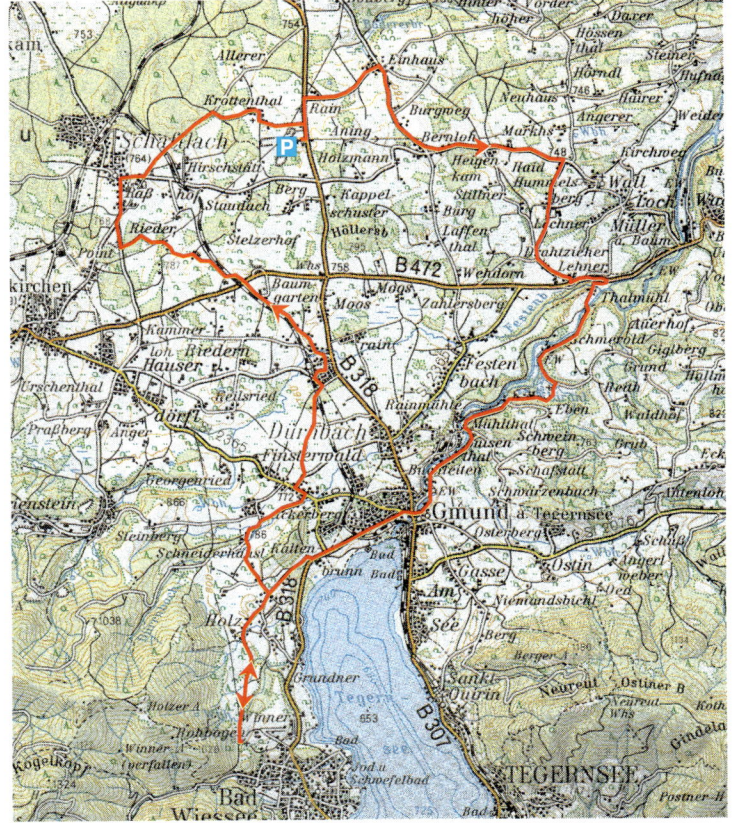

# 12 Von Thalham bis St. Quirin

Auf guten Wegen über Berge und durch Täler

**Thalham – Gotzing – Thalmühl – St. Quirin – Gmund und zurück**

**Ausgangsort:** Thalham, 685 m (3 km südlich von Weyarn).
**Ausgangspunkt/Parkmöglichkeit:** Ghs. Pritzl (an der Straße).
**Strecke und Fahrzeit:** 34 km, 2¾ Std.
**Anforderungen:** 230 Hm Steigungen.
**Einkehrmöglichkeiten:** Ghs. Kistler-Wirt (Fr Ruhetag) in Ostin.
**Schiffsfahrten:** Seeglas (11.10–15.45 Uhr alle 20 Minuten).
**Bademöglichkeiten:** Strandbad Seeglas in Gmund, ✆ 08022/76129.
**Bootsverleih:** Bei Seeglas.
**Sehenswert:** Hagwege und Uferwege.

Bei der St.-Quirin-Kapelle (15. Jh.) rastete nach der Überlieferung der Zug mit den von Rom her überführten Gebeinen des Hl. Quirinus. Dabei soll die (Wasser-)Quelle entsprungen sein, die lange als heilkräftig galt.
Wir lassen unser Vehikel neben dem **Gasthaus »Pritzl«** bergab laufen, kreuzen Mangfall und Eisenbahn und folgen dem Wegweiser nach **Gotzing**. Dort erinnert das Gasthaus »Gotzinger Trommel« an den 24.12.1705, an dem Oberländer Bauern nach München aufbrachen, wo sie in Sendling mit dem Ruf

*Das Gasthaus »Zur Gotzinger Trommel« lädt uns zur Rast.*

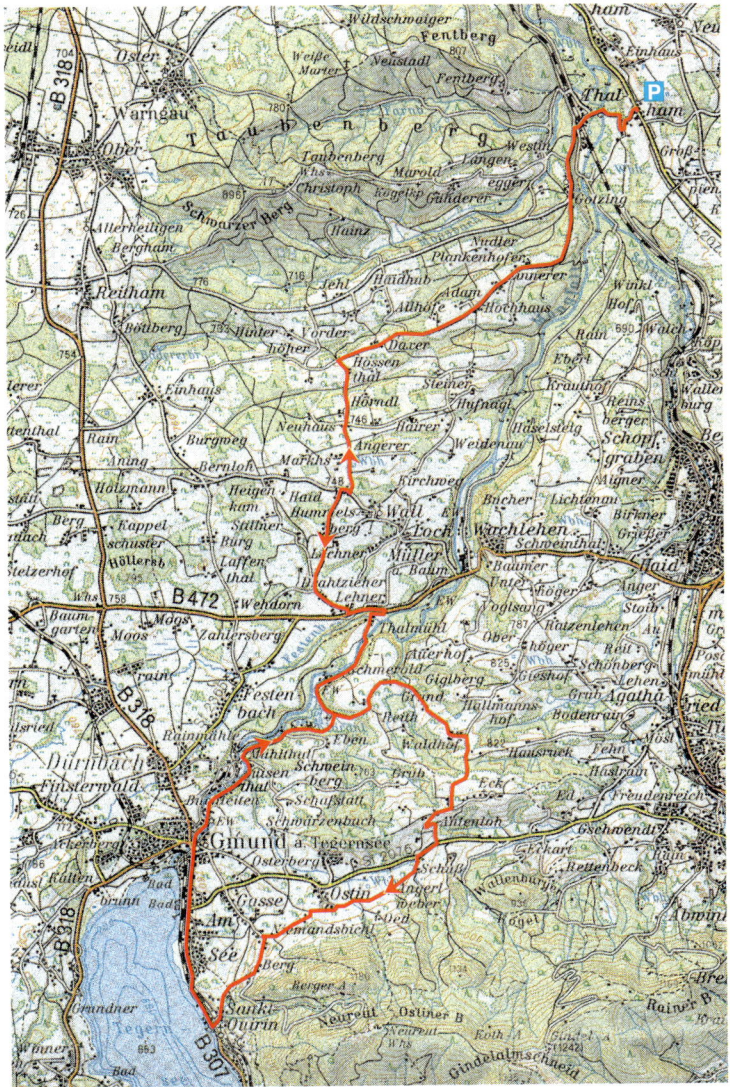

*Hier (bei Gmund) fließt die Mangfall aus dem Tegernsee.*

»Lieber bayrisch sterben als kaiserlich verderben!« für ihre Freiheit kämpften (die original Gotzinger Trommel kann im Heimatmuseum Miesbach bestaunt werden, Mi 15.00–17.00 Uhr, Sa 18.00–20.00 Uhr, So 10.00–12.00 Uhr).
Beim Gasthaus zweigen wir links ab und fahren bis Daxer. Dort wieder links abbiegen und südwärts an Wall vorbei, zum Lehner an der B 472. Auf ihr sausen wir den Berg hinunter, fahren scharf rechts nach **Thalmühl** und durchs **Mangfalltal**, bis uns die scharfe Linkskurve nach Berg-Schmerold hinauftreten läßt. Über Grund und Waldhof kommen wir nach Antenloh, überqueren die Straße und schlüpfen beim Wandertaferl rechts durch die Hecke zum Wanderweg nach Ostin (der »Kistlerwirt« findet sich vorn, an der Haushamer Straße). Wir radeln geradeaus hinter Ostin auf der Neureuther Straße weiter, biegen aber bald links aufwärts ab, treten über den Hügel zum Tegernsee hinüber und bremsen hinunter nach **St. Quirin**. Unten läuft am Ufer entlang und neben der B 307 ein Radweg 2,5 km nach **Gmund** (Mangfall-Ausfluß aus dem See aufsuchen).
Durchs **Mangfalltal** kehren wir zurück zur B 472 und radeln auf dem bekannten Weg wieder zum **Ausgangspunkt**.

*Auf verkehrsarmen Wegen geht es durch eine reizvolle Wald- und Wiesenlandschaft an der Grundner Kapelle vorbei.*

# 13 Am Westufer des Tegernsees

Wege aller Art im Ort und am Berg

**Kaltenbrunn – Bad Wiessee – Bauer in der Au – Kaltenbrunn**

**Ausgangsort:** (Gmund-)Kaltenbrunn, 758 m.
**Ausgangspunkt/Parkmöglichkeit:** Ghf. Gut Kaltenbrunn.
**Strecke und Fahrzeit:** 19 km, 1¾ Std.
**Anforderungen:** 230 Hm Steigungen.
**Einkehrmöglichkeiten:** Hot./Rest./Café Sonnenbichl (Do Ruhetag) in Bad Wiessee; Café Söllbachklause (Mo Ruhetag) im Söllbachtal, ℂ 08022/8930; Rest.-Café Freihaus auf der Freihaushöhe über Bad Wiessee.
**Schiffsfahrten:** Anlegesteg an der Promenade Bad Wiessee.
**Bademöglichkeiten:** »Bade-Park« Bad Wiessee, 9.00–21.00 Uhr, ℂ 08022/84082; Strandbad Bad Wiessee, ℂ 08022/83566.
**Sehenswert:** Promenade, Seerundfahrt, See.
**Varianten:** 1. Von Bad Wiessee kann man auf dem Ringseeweg am Ringsee vorbei bis nach Weissach-Kreuth radeln, 2¼ Std hin und zurück. 2. Vom letzten Parkplatz im Reichenbachtal auf der Mountainbike-Strecke *W11* zur Winterstube, unter dem Koglkopf (1324 m) vorbei nach Marienstein hinüber, 1½ Std. hin und zurück.

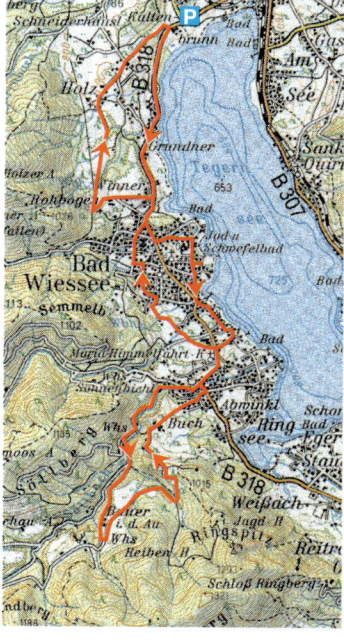

Auf dieser Tour sehen wir viel von Bad Wiessee und seiner wunderschönen Umgebung.

Wir fahren von der Bus-Haltestelle **Kaltenbrunn** aus zwischen See und Straße bis vor **Bad Wiessee**, wo uns eine Unterführung zur Omnibus-Haltestelle auf der anderen Straßenseite durchschlüpfen läßt. Von da aus sehen wir die erste Straßenkreuzung im Ort unter uns, an der wir schon links abbiegen dürfen. Am Freizeitbad (Wilhelminastraße) fahren wir zunächst vorbei und biegen unten rechts ein. Auf der Adrian-Stoop-Straße rollen wir am Kuramt vorbei (Promenade) zum Lindenplatz, von dem aus die Seestraße links abwärts weiterführt zum Dorfplatz von Alt-Wiessee. Da treten wir die Sterneggerstraße aufwärts und schwenken links ein in die B 318 (Sanktjohanserstraße). Bei der Söllbachbrücke beginnt (rechts) unser Bergweg über die Söllbachklause (Schilder) hinauf zum **Bauer in der Au**.

*Auf dem Weg von Bad Wiessee zum Bauern in der Au.*

Schon vor 170 Jahren (1925) kaufte König Maximilian I. (1806-25) den großen Hof Bauer in der Au (ein Modell steht im »Nationalmuseum« in München). Leider brannte der Hof 1971 ab, aber auch der neue »Bauer in der Au« bemüht sich gastlich um seine Besucher.
Über die weite Bergwiese radeln wir auf dem **Bucherweg** wieder hinunter, nach links auf der Sanktjohanserstraße an der Kirche vorbei. Danach (nicht übersehen!) links und weiter am bergseitigen Ortsrand über Schulweg, Prinzenruhweg und Simperetsweg. (Vom Prinzenruhweg aus führt über die Hagngasse und auf der anderen Seite des Zeiselbaches ein ungeteerter Weg zum Café Sonnenbichl.) Am Schluß führt eine Spitzkehre links aufwärts in die Birkenstraße hinein.
An ihrem Ende wenden wir uns wieder nach links und fahren, oben rechts herum, auf der Auerstraße (von hier kommen wir schiebend zum Rest.-Café Freihaus mit schöner Aussicht) weiter bis zur Omnibus-Haltestelle Rohbogen. Durch den Golfplatz hinauf zur Quirinuskapelle und oben rechts radeln wir über Holz(-Nord) geradeaus nach **Kaltenbrunn** zurück.

# 14 Söllbach- und Weißachtalrunde

Eine Berg-Radwanderung mit Aussicht und schattigen Talwegen

**Bad Wiessee – Söllbachtal – Schwarzentennalm – Weißachtal – Bad Wiessee**

**Ausgangsort:** Bad Wiessee, 750 m.
**Ausgangspunkt/Parkplatz:** Söllbachtal, am Waldrand, 785 m.
**Strecke und Fahrzeit:** 28 km, 2¾ Std.
**Anforderungen:** 310 Hm Steigungen, Fahrstraßen mit Kfz-Verbot.
**Einkehrmöglichkeiten:** Schwarzentennalm (1060 m; außerhalb der Hochsaison Di u. Mi Ruhetag), ✆ 08028/386; Riedler-Stub'n (793 m, Mi u. Do Ruhetag, Juli - Aug. nur Mi), ✆ 08029/1243.
**Bademöglichkeit:** Warmfreibad Kreuth, ✆ 08029/1854; »Bade-Park« Bad Wiessee, ✆ 08022/84082.
**Sehenswert:** Die Aussicht auf der Alm, die Weißachklamm.

*Von der Schwarzentennalm geht es auf der einen Seite ins Söllbachtal, auf der anderen ins Weißachtal.*

Auf dieser Tour sind Mountainbiker unterwegs. Sie ist jedoch mit »normalen« Rädern auch gut machbar. Die Wege sind gut, aber ungeteert und gut ausgeschildert (Kinder nicht unter 9 Jahren, je nach Fitneß).

Die Forststraße neben dem **Söllbach** kann man vom **Wanderparkplatz** aus ein gutes Stück weit mit dem ersten von drei Gängen bewältigen. Später steigt der Weg an, wird auf ein paar hundert Meter sogar ziemlich steil, und wir beginnen zu schieben. Oben öffnet sich das Hochtal noch weiter und bietet schließlich, nach Überquerung der Wasserscheide zwischen Söllbach und Schwarzenbach, beim Rastplatz **Schwarzentennalm** auf Hunderte von Metern freie Aussicht auf die umliegenden Berge. Die Brotzeit (und auch warme Gerichte) darf man sich im Gastraum am Küchenfensterchen holen und sich drinnen oder draußen, ganz nach Wunsch, niederlassen. Der erholsame Rastplatz verdient es, daß man sich Zeit läßt, bevor man seinen Weg fortsetzt.

Wir bremsen hinunter ins **Weißachtal**, überqueren die B 307 und rollen über den Wanderparkplatz (Ausgangspunkt z.B. zur Halserspitz). Auf dem Brükkerl sehen wir gut 100 m weit in die Klamm hinein. Der Bach rauscht und windet sich in seinem Bett. Eng ist's geworden und hart! Unwillig stöhnt das Wasser durch die Schlucht (s. Bild S. 11). Wir folgen ihm auf einem sich noch einmal kurz aufbäumenden, steinigen Weg, der bald besser wird, sich an Wildbad Kreuth (828 m) vorbeiwindet (Groß-Parkplatz) und nach einer weiteren Bachüberquerung, links abwärts, endlich besänftigt, an **Riedlern** und **Kreuth** vorbeizieht. Unser Weg wird parkartig schön.

Dann folgt er gehorsam dem Bach neben ihm (mit einem kurzen Schlenker vor der Ringbergstraße in Weißach) bis zur Mündung in den See. Kurz davor benützen wir das Brückerl über die Weißach und schieben/fahren auf dem Fußweg zur Autostraße B 307 hinaus, neben der ein Fußweg um die **Ringsee-Bucht** herumführt. An seinem Ende biegen wir rechts ein in den »Weg am See«, der uns über Ringbergstraße und Söllbachtal zurück zum **Ausgangspunkt** bringt.

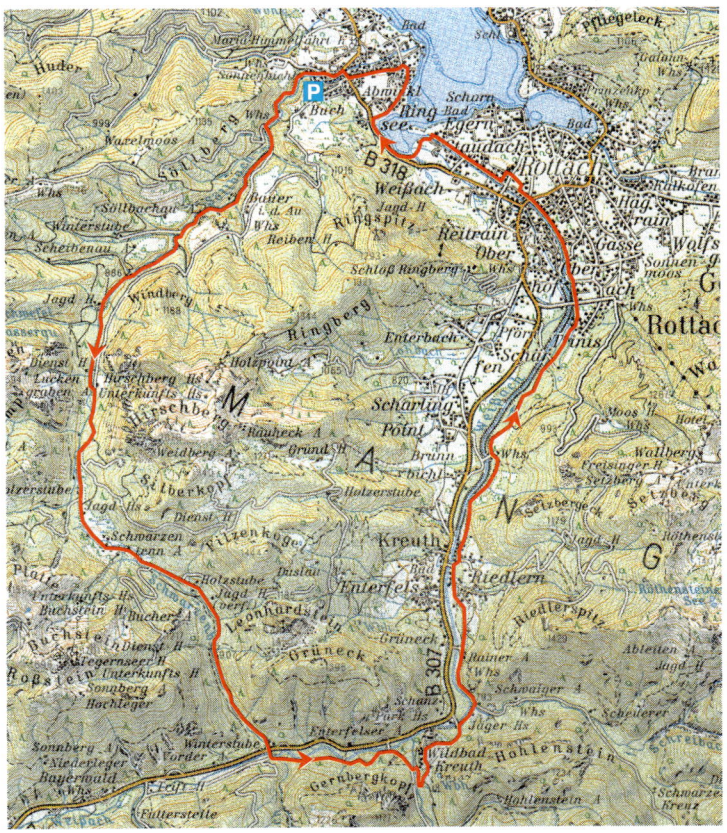

# 15 Tegernsee und Rottach-Egern

Berg-Radtour mit guter Aussicht

**Tegernsee – St. Quirin – Alpbachtal – Berg – Rottach-Egern – Tegernsee**

**Ausgangsort:** Tegernsee, 725 m.
**Ausgangspunkt/Parkmöglichkeit:** Schloßplatz / Bräustüberl Tegernsee.
**Strecke und Fahrzeit:** 24 km, 2¼ Std.
**Anforderungen:** 270 Hm Steigungen, teils sehr steil.
**Einkehrmöglichkeiten:** Ghs. Schandl (Di Ruhetag), Max-Joseph-Str. 26, Tegernsee; Gst. Schießstätte (Do u. Fr Ruhetag), Schützenstr. 4, Tegernsee; Café-Rest. Angermaier (Mo Ruhetag) und Café-Ghf. Kreuz in Berg.
**Schiffahrt:** (keine Fahrräder!) Anlegestellen: Bräustüberl, Café am See, Rathaus.
**Bademöglichkeit:** Strandbad Tegernsee, ✆ 08022/3878; bei der Egerner Bucht.
**Bootsverleih:** Beim Café am See und beim Jachthafen (Paraplui).
**Bergbahn:** Wallbergbahn, ✆ 08022/24086, am Südrand von Rottach-Egern (8.30-17.00 Uhr, Rest. in der Bergstat., Gipfel 1722 m).
**Sehenswert:** Seeblick vom Auerbauer, Schloßkirche, Heimatmuseum, O.Gulbransson-Museum, Egerner Bucht (Promenade) und die Aussicht vom Wallberg.

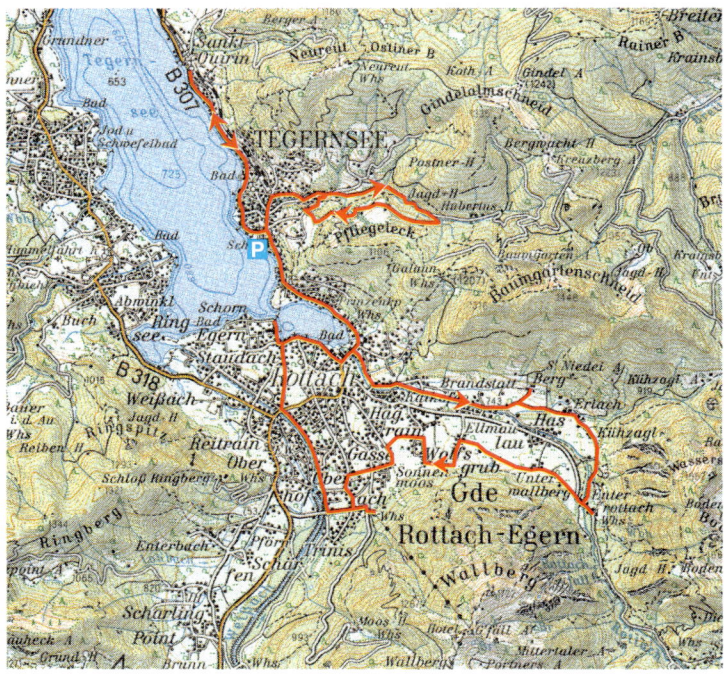

*Auf dem Weg zum Auerbauer öffnen sich schöne Ausblicke auf den Tegernsee.*

Die Schönheit der Landschaft um den Tegernsee ist weithin bekannt. Die wirtschaftliche Entwicklung wurde vor allem durch das 746 gegründete Benediktinerkloster Tegernsee vorangetrieben, das Salzpfannen und großen Grundbesitz hatte. Ein weiterer wichtiger Wirtschaftsfaktor wurde Ende des 19. Jh. der Fremdenverkehr.

Wir besuchen zuerst die nördlich am Seeufer stehende Kapelle **St. Quirin** (5 km hin und zurück vom **Schloßplatz**). Auf dem Rückweg zweigen wir links ab und kommen auf der Hochfeldstraße zur Max-Josef-Straße (Ghs. Schandl). Da fahren/schieben wir am **Alpbach** entlang bergauf zur Kapelle Mariä Schnee (780 m), zum Alpbachbrückerl und endlich zum Regenunterstand (880 m). Dort biegen wir rechts ab. Immer noch schräg aufwärts fahrend, stoßen wir auf den Auerweg (930 m). Von da an geht's bergab. Wir kommen unterhalb des Auerbauern (905 m) auf Teerbelag, und plötzlich erschlägt uns fast die herrliche Aussicht auf den ganzen See. Rasten und schauen!

Weiter unten biegen wir rechts ein zur Schießstätte, fahren zur Schneekapelle hinüber und zum Gasthaus »Schandl« hinunter. Wir radeln weiter, am Ausgangspunkt vorbei südwärts bis zur Rottach. Neben ihr, auf dem Dammweg, radeln wir gut 2 km bergauf und kommen (links) nach **Berg**. Auf der Terrasse des Café Angermaier sitzend, sehen wir, knapp über der Kaffeekan-

*An der Mariä-Schnee-Kapelle vorbei geht's zum Alpachbrückerl.*

*Die Egerner Bucht und Rottach-Egern.*

ne, mehrere Gleitschirmflieger überm **Wallberg** kreisen. Von Berg aus fahren wir aufwärts über Kühzagl zur Valepper Straße und zum Gasthof »Almhof« (795 m). Hier kehren wir (ein?) um und rollen auf der Valepp-Straße 100 m abwärts, über die Rottachbrücke, durch die Kurve und biegen sofort dahinter links ab (nach Unterwallberg).

Zuerst kommen wir auf dem sanft abfallenden Weg (mit Aussicht) zum Ortsteil Ellmau, auf dem Ellmauer Weg nach Wolfsgrub und über die Feldstraße am Tennisplatz vorbei. Die Sonnenmoosstraße führt uns kurz links aufwärts, dann rechts in die Glaslstraße hinein und bis zum Wegweiser »Georg-Hirth-Str.«

Links aufwärts stoppt uns bald das Fahrverbotsschild vor dem Fußweg zur Wallbergbahn: Wir schieben die 80 m zur Talstation hinauf (eine Bergfahrt auf den Wallberg ist lohnend) und sausen dann auf der Wallbergstraße zum Weißachbach hinüber, davor aber rechts herum und bachabwärts durch die Hofbauernstraße bis zur Fürstenstraße, die hier (bei der Brücke 50 m rechts, dann halblinks) abzweigt und uns in einem Schwung ans Seeufer bringt (**Egerner Promenade**).

Anschließend radeln wir vorsichtig auf der Seestraße zur B 307 (Nördliche Hauptstraße) und links herum zur **Rottachbrücke**. Wir nehmen denselben Weg zurück zum **Ausgangspunkt**, auf dem wir hergekommen sind.

# 16 Von Enterrottach zur Langenau

Auf gepflegten Wegen ins Wildbachtal

**Enterrottach – Rottach-Egern – Kreuth – Riedlern – Schwaiger Alm – Langenau und zurück**

**Ausgangsort:** Rottach-Egern, 731 m.
**Ausgangspunkt/Parkmöglichkeit:** Ghs. Almhof in Enterrottach, 790 m.
**Strecke und Fahrzeit:** 36 km, 3¼ Std. (hin und zurück).

**Anforderungen:** 300 Hm Steigungen.
**Einkehrmöglichkeiten:** Ghf. Almhof (Do Ruhetag) beim Parkplatz vor der Maut; Schwaiger Alm (810 m, Mi Ruhetag), ✆ 08029/272.

Diese schöne Radtour führt uns ein Stück an der Weißach entlang. Bei Glashütte rinnen die Wasser von allen Seiten talwärts. Bis Bayerwald und Winterstube ist der Bach schon stark genug, um sich durch die Klamm zu zwängen. Bis Kreuth ist aus der Weißach fast ein Fluß geworden!

Wir sausen von **Enterrottach** nach **Rottach-Egern** hinunter und fahren über die Valepper Straße und Ludwig-Thoma-Straße links in die Nördliche Hauptstraße. Sie wird zur Südlichen Hauptstraße und bringt uns ans **Weißachufer**. Parkartig ge-

*Die Schweiger-Alm bei Wildbad Kreuth, bei der man schön draußen sitzen kann, verführt so manchen Radler zum Zwischenstop.*

pflegt ist das Wegstück zwischen Wallbergstraße und Weißachalm. Die übrigen Wege sind geteert. Wir bleiben auf den Bachwegen bis **Kreuth** und **Riedlern**.

Wildbad Kreuth ist ein heilklimatischer Kurort. Die Schwefelwasserstoff-Quelle wurde ab 1669 als Heilquelle bekannt. Die ehemalige Molken- und Badeanstalt, in der Molke-Trinkkuren gegen Lungenleiden verabreicht wurden, ist heute bundesweit als CSU-Tagungsort bekannt.

Nach Riedlern schwingt sich unser Weg nach links und neben dem Sagenbach aufwärts zur »Schwaiger-Alm«. Auf dem Vorbeiweg schauen wir neugierig hinüber, wo wir auf dem Rückweg einkehren wollen: Aha, man sitzt draußen... eine Brotzeit im Wald! So ein Anblick belebt. Wir schalten und fahren weiter: Schwarzes Kreuz (863 m), Steinernes Kreuz (882 m), Langenau Alm (961 m). Kein Suchen nach dem richtigen Weg stört unser Gespräch – es gibt nur den einen! Wir dürfen uns in Gedanken verlieren ... und atmen, atmen.

Allmählich weicht der Streß von uns, und wir sehen den Wald. Lassen wir uns nicht von den Bergsteigern verführen, die uns als Mountainbiker überholen – sie wollen ja weiter (zu: Risserkogel, Halserspitz, Schneidjoch und Schinder...).

Bei der unbewirtschafteten **Langenau Alm** schauen wir uns noch einmal um, bevor wir unseren braven Drahtesel wenden, um ihn zurück und abwärts laufen zu lassen. Unten kehren wir ein. Merkwürdig ... nach Kaffee und Kuchen sind wir noch müder als vorher.

Zufrieden kehren wir auf demselben Weg zurück zum **Ausgangspunkt**, auf dem wir hergekommen sind.

# 17 Von Westerham nach Maxlrain

Ein unbeschwerter Landausflug zu schönen Zielen

**Westerham – Vagen – Bruckmühl – Weihenlinden – Maxlrain und zurück**

**Ausgangsort:** Feldkirchen, 551 m.
**Ausgangspunkt/Parkmöglichkeit:** Landghf. Schäffler in Westerham.
**Strecke und Fahrzeit:** 28 km, 2 Std. (hin und zurück).
**Anforderungen:** 60 Hm Steigungen, je 1/3 Landstraße, Feldwege und Radwege.

**Einkehrmöglichkeiten:** Landghf. Weihenlinden, ✆ 08062/8670; Schloßghf. Maxlrain (Mo ab 14.00 u. Di Ruhetag), ✆ 08061/8342, 6 km nördl. von Bad Aibling.
**Bademöglichkeit:** Hallenbad Bruckmühl; Freizeitanlage Bad Aibling, ✆ 08061/1651.
**Sehenswert:** Weihenlinden und Maxlrain.

Ein kultureller Höhepunkt dieser Radtour ist Weihenlinden. Aus einer ursprünglich achteckigen Kapelle (1643–45) entwickelte sich nach der Entdeckung einer Heilquelle (1653–57) die Wallfahrtskirche Hl. Dreifaltigkeit, der ein Kloster angeschlossen wurde. Alte Linden stehen um die achteckigen Türme der dreischiffigen Basilika. Mittelschiff und Hochaltar sind besonders sehenswert. Weiße Stukkaturen auf farbigem Grund (1736, J. Schwarzenberger) schmücken die Wände.

Wir radeln von **Westerham** auf der wenig frequentierten Straße zur Mangfallbrücke in Feldolling, wo der *Mangfalltal-Radweg* nach Bruckmühl (beschildert) abzweigt (auf ihm kommen wir auf unserem Rückweg wieder zurück). Jetzt wollen wir aber, auf halbem Weg nach **Vagen**, einige Blicke auf die Anlagen des Leitzach-Kraftwerkes erhaschen, auf das Kraft-»Schloß« unten bei den Staubecken und auf das grüne Riesenrohr am Berg. Mehr sieht man nicht, denn alles andere verläuft unterirdisch. In Vagen schwenken

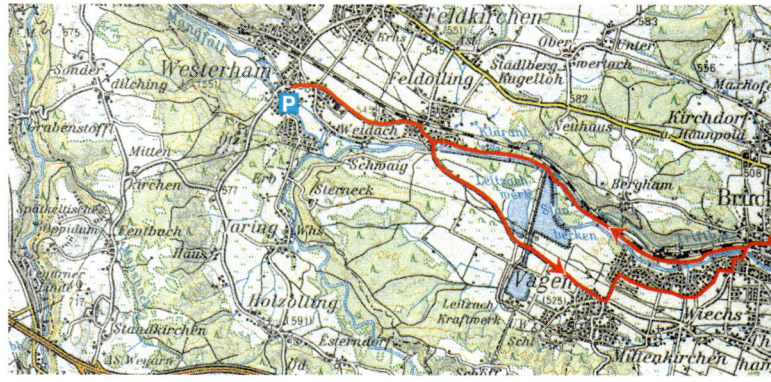

*Das Schloß von Maxlrain, die Brauerei befindet sich gleich nebendran.*

wir nach dem Maibaum in die erste Straße links ein und rollen bis zur Auenstraße (rechts) und zur Föhrenstraße, die uns zur **Bruckmühler** Mangfallbrücke bringt. Am Bahnhof biegen wir links ab und erreichen so die Sonnenwiechser Straße, der wir auswärts bis zur Wernher-von-Braun-Straße folgen. Auf ihr überqueren wir die Autostraße, radeln an der Kompostieranla-

ge vorbei und biegen (auf der ersten Feldstraße nach dem Zaun) rechts ab. So kommen wir direkt nach **Weihenlinden**.

Zwischen Kirche und Wirtshaus biegt unser Weg rechtwinkelig links ab und setzt sich dann nach 500 m halbrechts weiter fort nach **Maxlrain**.

Der Rückweg ist derselbe wie der Herweg, nur daß wir in Bruckmühl nicht über die Mangfallbrücke fahren, sondern zwischen Bahngleis und Mangfall in den Radweg nach Feldolling einmünden.

# 18 Eine Runde im Mangfall-Knie

Wasserwege erkunden

**Westerham – Feldkirchen – Bruckmühl – Vagen – Holzolling – Westerham**

**Ausgangsort:** Feldkirchen, 551 m.
**Ausgangspunkt/Parkmöglichkeit:** Landghf. Schäffler in Westerham.
**Strecke und Fahrzeit:** 22 km, 2 Std.
**Anforderungen:** 155 Hm Steigungen, 1,2 km steile Pkw-Straße.

**Einkehrmöglichkeiten:** Landghf. Schäffler (Mi Ruhetag), ✆ 08063/203; Ghf. Schäffler (Mo Ruhetag), ✆ 08062/2354, in Vagen.
**Bademöglichkeit:** Hallenbad Bruckmühl.
**Sehenswert:** Der Goldbach, das Pumpspeicherkraftwerk.

Auf dieser Tour führen uns die Wege immer wieder an »kühlem Naß« entlang. In Vagen sollten wir die Radtour durch einen Spaziergang unterbrechen. Vom Wanderparkplatz führt ein Pfad (an der Bergstraße nach Irschenberg) schräg bergauf zum Goldbach (mit Spazierweg und Vogellehrpfad, mühelos hin und zurück, quer zum Hang, knapp 2 km). Bach und Weg sind ein Juwel! Wir fahren von **Westerham** auf dem Radweg neben der Straße nach **Feldkirchen**, wo wir rechts durch die Salzstraße und am »Huberwirt« vorbei direkt

*Die Leitzach kurz vor der Mündung in die Mangfall.*

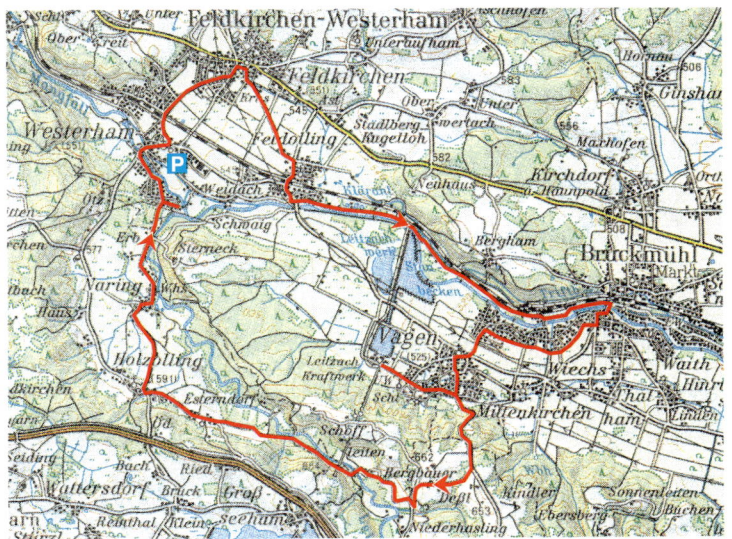

auf den Wendelstein zu nach Feldolling radeln. Dort finden wir, nachdem wir die Bahnunterführung hinter uns gelassen haben, vor der Mangfallbrücke links in den beschilderten *Mangfalltal-Radweg* hinein. Hier darf uns kein Kraftfahrzeug folgen. Geruhsam gondeln wir neben dem Fluß nach **Bruckmühl**.

Wir fahren über die Brücke und rechts weiter: Vagener Straße, am Ortsausgang rechts abbiegen, Vagener Weg, Ganghofer Straße, links einbiegen, zum Maibaum in **Vagen**. Vor der Kirche zweigen wir von der Münchner Straße ab, indem wir geradeaus bleiben. Von der Hauptstraße radeln wir links in die Hofmarkstraße, beim »Schäfflerwirt« links, dann rechts weiter in Richtung Irschenberg durch die Neuburger Straße bergauf bis zum **Wanderparkplatz** am Waldrand. Hier geht der Weg zum Goldbach weg.

Nach dem Spaziergang folgt ein 1,2 km langer Steilanstieg (13%) auf der Irschenberger Straße bis zur Abzweigung rechts nach Holzolling. Wir radeln am Bergbauer vorbei und sausen gergab, passen aber auf, denn beim Brückerl vor Niederhasling geht's rechts zum **Auerhof** weg. Von **Holzolling** aus spurten wir über Naring nach **Westerham**. Dort fahren wir gleich auf der ersten Straße rechts (Fischerstraße) ganz hinter bis zum **Mangfallsteg**.

Hier kann nochmal ein kurzer Spaziergang auf einem glitschigen Trampelpfad zur Leitzachmündung eingeschoben werden. Über die Westerhamer Mangfallbrücke kommen wir zum **Ausgangspunkt** zurück.

# 19 Vom Mangfalltal zum Leitzachtal

Auf guten Wegen um Irschenberg herum

**Götting – Irschenberg – Vagen – Götting**

**Ausgangsort:** Götting, 495 m.
**Ausgangspunkt/Parkmöglichkeit:** Schwoagawirt, Mühlenstraße 5 in Götting.
**Strecke und Fahrzeit:** 26 km, 2¼ Std.
**Anforderungen:** 310 Hm Steigungen.

**Einkehrmöglichkeiten:** Ghf. Schwoagawirt (Mi u. Do Ruhetag) in Götting; Landghf. Auerschmiede, ✆ 09025/1380.
**Sehenswert:** Der Alpenblick vom Irschenberg.

Der Irschenberg erhebt sich 250 m über das Mangfalltal und über die östlichen Filze, als vorgeschobene Bastion der Alpen sozusagen, und er bietet deshalb einen großartigen Überblick, den wir uns nicht entgehen lassen sollten. Im Osten breiten sich die Moore bis an den Inn hinüber aus, und aus dem Mangfalltal herauf wagen wir den »Aufstieg«.

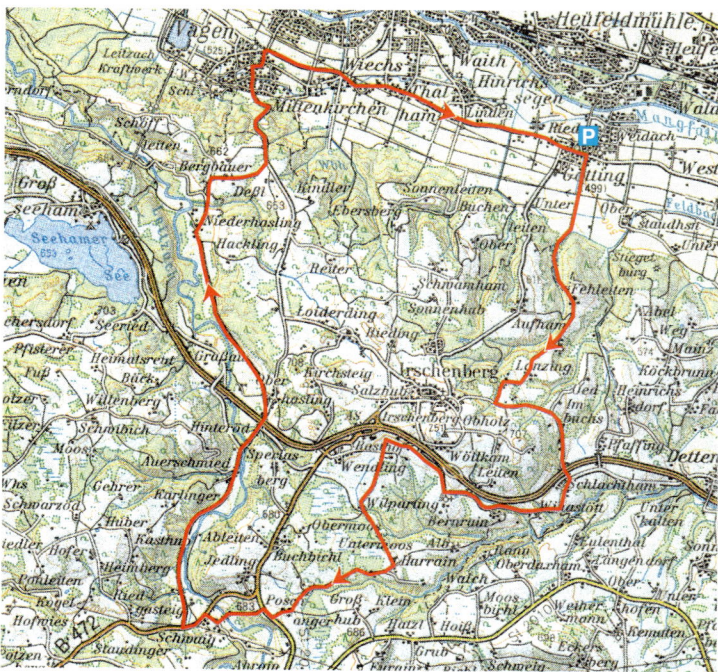

*Eine Erfrischungspause mit Blick auf Vagen.*

Von der Mühlenstraße in **Götting** überqueren wir die Hauptstraße in die Fehleitenstraße (geteerter Feldweg) und bleiben den ganzen Berg hinauf stets auf diesem Weg: durch den Wald nach Fehleiten, geradeaus und am Waldrand entlang, durch Lanzing und ganz oben nach links an Buchfeld-Imbuchs vorbei. Man kann hier – und auch auf unserem weiteren Weg bergab – gar nicht genug schauen! Unter der Autobahn durch, rechts, durch Schlachtham, an Bernrain vorbei und zur Wallfahrtskirche Wilparting hinauf! Wir nehmen die Abzweigung nach links und radeln über Hochholz und Untermoos nach Poschanger.

Auf der Autostraße fahren wir 200 m rechts (Richtung Jedling), dann links auf den steil abschüssigen Weg zur Mühle hinunter und überqueren die Leitzach bei **Schwaig**. Dann stehen wir an der großen Straße von Miesbach zur Autobahn. Wir wollen an der Leitzach entlangradeln und fahren dazu links kurz auf der Straße, biegen gleich wieder rechts ab und folgen dem Fluß zum Landgasthof »Auerschmiede«. Bald danach fahren wir wieder über die Leitzach und unter der Autobahn durch. Weiter geht es nach Oberhasling (auf der Straße bleiben) und Niederhasling und bergauf (immer auf der Straße bleiben) über **Bergbauer**. In einer langgezogenen Linkskurve münden wir in die Straße ein, die von Irschenberg-Leiderding herunterkommt. Wir sind auf der ins Mangfalltal abfallenden Straße (bei ihren unteren Kurven sehen wir auf das Leitzachkraftwerk hinaus). Vor **Vagen**, von Mittenkirchen aus, schwenken wir rechts ein und radeln über **Wiechs** nach **Götting** zurück.

# 20 Von Irschenberg zum Auer Berg

Gute Wege von einem Aussichtsberg zum anderen

**Irschenberg – Niklasreuth – Auer Berg – Kleinkirchberg – Niklasreuth – Irschenberg**

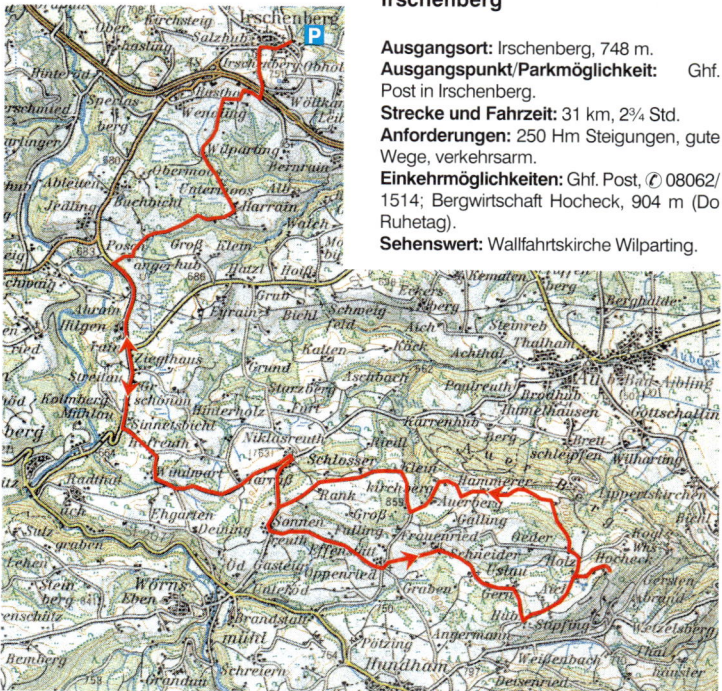

**Ausgangsort:** Irschenberg, 748 m.
**Ausgangspunkt/Parkmöglichkeit:** Ghf. Post in Irschenberg.
**Strecke und Fahrzeit:** 31 km, 2¾ Std.
**Anforderungen:** 250 Hm Steigungen, gute Wege, verkehrsarm.
**Einkehrmöglichkeiten:** Ghf. Post, ℂ 08062/1514; Bergwirtschaft Hocheck, 904 m (Do Ruhetag).
**Sehenswert:** Wallfahrtskirche Wilparting.

An der Wallfahrtskirche von Wilparting kommen wir gleich am Anfang unserer Tour vorbei. Die »Kirche mit Kind« (St. Martinus-Anianus-Wallfahrtskirche und die St. Veits-Kapelle daneben) steht neben der vielbefahrenen Salzburger Autobahn, und hinter ihr stehen die Berge. Ihr hochgelegener Standort bei Irschenberg macht sie rundum weithin sichtbar.

Wir fahren am Sportplatz von **Irschenberg** vorbei, durch die Unterführung der A 8 bei Wendling-Wöllkam und besuchen (links) die Wallfahrtskirche Wilparting, bevor wir zur Unterführung zurückradeln, am Bauernhof vorbei und links abwärts Richtung Hochholz. Bei Untermoos schwenken wir rechts ein nach Poschanger und danach wieder links auf die Pkw-Straße (nach Wörnsmühl). Ihr folgen wir zügig 2,4 km weit, bis vor der S-Kurve (steil abwärts) unser Weg über Sinnetsbichl nach **Niklasreuth** links aufwärts abbiegt.

Dort machen wir vor der Kirche eine Spitzkehre nach rechts und treten bergauf. So kommen wir über den Hügelrücken und auf der anderen Seite hinunter nach **Sonnenreuth**. Aufgepaßt! Im Ort zweigt links ein wunderbarer Radlweg nach Effenstätt ab. Von den vielen Wegweisern rings um die Effenstätter Kapelle suchen wir den nach Uslau – Gern – Hub heraus.

Bei Hub schwenken wir links herum und strampeln bergauf – bergab – bergauf bis zum Wirtshausschild Hocheck (rechts aufwärts). Es lohnt sich, dort einzukehren, denn die »Nudln« zum Kaffee gibt's nicht überall, und die Aussicht erfreut das Herz. So weit sind wir schon gekommen: Man kann Wilparting und »Mutter mit Kind« sehen.

Danach bremsen wir hinunter zur Kapelle am Waldrand und treten nach Holz hinauf, wo wir rechtwinkelig rechts auf einem Waldweg (ungeteert) verschwinden: Wir radeln nach Schnellsried, Hammerer, Kleinhalmannseck, **Kleinkirchberg**, Westner und weiter, bis es spitzkehrig rechts aufwärts über den Hügelrücken wieder nach **Niklasreuth** geht.

Von da aus kennen wir unseren Rückweg noch von der Herfahrt her.

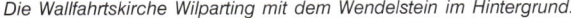

*Die Wallfahrtskirche Wilparting mit dem Wendelstein im Hintergrund.*

# 21 Eine Runde um Miesbach

Bergauf und bergab an Schlierach und Mangfall

**Müller am Baum – Miesbach – Parsberg – Potzenberg – Thalham – Müller am Baum**

**Ausgangsort:** Miesbach, 697 m.
**Ausgangspunkt/Parkmöglichkeit:** Müller am Baum (an der B 472).
**Strecke und Fahrzeit:** 25 km, 2½ Std.
**Anforderungen:** 290 Hm Steigungen.
**Einkehrmöglichkeiten:** Ghs. Pritzl (Do u. Fr mittag Ruhetag) in Thalham; Gst. Müller am Baum (Sa Ruhetag) an der Mangfall; Café/Ghs. Giglbergstüberl (Mi Ruhetag), Panoramablick, ✆ 08025/8537.
**Bademöglichkeit:** Warmfreibad Miesbach, 8.30–20.00 Uhr, ✆ 08025/1777.
**Sehenswert:** Die Flußauen und Einzelhöfe im Hügelland.

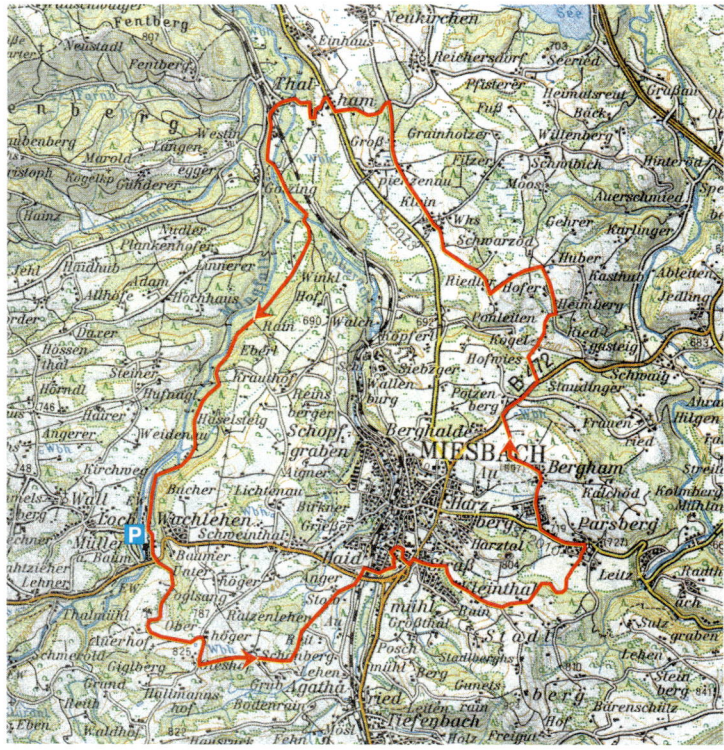

*Brunnen in Miesbach.*

Das Miesbacher Land und seine weitere Umgebung liegen am Übergang von der oberbayerischen Hochebene zum Gebirge. Moränenränder, Schotter, Ablagerungen, Riß- und Würmeiszeit, Schmelzwasserrinnen, Alpenfaltung usw. sind geologische Stichpunkte für den Untergrund dieser Grasbuckellandschaft, durch die sich Mangfall, Leitzach, Schlierach und andere Wasser ihre Bachbette gruben. Die Verkehrswege entstanden entlang dieser natürlichen Gegebenheiten. Wer da mit dem Rad unterwegs ist, muß bergauf und bergab strampeln!

Wir überqueren vom **Müller am Baum** die B 472 direkt in der Kurve vor der Steigung und nehmen den zwischen Gebüsch versteckten, sehr steil ansteigenden Wirtschaftsweg zum Frauenhof. Oben kommen wir aus dem Wald heraus, schwenken links hinüber und treten, immer noch leicht bergauf, erst links, dann rechts herum, an der Zufahrt zum Giglbergstüberl vorbei zum Gieshof (Kapelle, 825 m). Dort halten wir uns rechts und rollen später an Grub, Reit und Stoib vorbei bergab in **Miesbach**-Süd ein. (Wer in die Stadt will, kann beim ersten Haus am Bahnübergang Haidmühl in den Radweg einbiegen und neben den Gleisen zum Warmbad und weiter zum Bahnhof radeln.)

*Markttag in Miesbach.*

*Heinzen (oder Heureuter) sind schon eher eine Seltenheit geworden.*

Wir fahren zum Sägewerk, links herum durch die Haidmühlstraße und beim Gymnasium rechts aufwärts durch die S-Kurve der Birkenstraße zur Bayrischzeller Straße. Gegenüber sehen wir die Esso-Tankstelle, und wir strampeln daneben auf der Stadlbergstraße bergan. Oben folgen wir der Abzweigung nach links und fahren abwärts nach **Parsberg**. Dort müssen wir etwa 500 m weit auf der Straße Richtung Miesbach radeln, bevor wir rechts hinauftreten dürfen, durch Bergham und über den Panorama-Feldweg zur B 472 hinüber.

Neben ihr fahren wir auf dem Radweg 300 m weit bis **Potzenberg**, daran vorbei und biegen erst 250 m danach (beim gelben Wegweiser: Marksteiner) links ab. So kommen wir zur Kreuzung von vier Teerwegen im Wald. Wir radeln links aufwärts zu den Höfen Berger, Wienbauer und Riedler (rechtwinkelige Rechtskurve). Es folgt eine kerzengerade Strecke über Klein- und Großpienzenau bis zur (im Wald) links abfallenden Straße nach **Thalham** (an der Autostraße).

Beim Gasthaus »Pritzl« beginnt unsere Talfahrt zur **Mangfall** hinab. Wir überqueren die Bahnlinie und halten uns links (Wasserschutzgebiet). Über die Mangfall- und (700 m später) Schlierachbrücke gelangen wir aufs rechte Mangfallufer und radeln unbeschwert und mit Genuß südwärts, an Neumühl vorbei, zum **Ausgangspunkt** zurück.

# 22 An der Schlierach zum Schliersee

Uferwege durch Flußauen und Ortschaften

**Thalham – Miesbach – Agatharied – Hausham – Schliersee und zurück**

**Ausgangsort:** Thalham an der B472 (5 km nördlich von Miesbach).
**Ausgangspunkt/Parkmöglichkeit:** Ghs. Pritzl in Talham.
**Strecke und Fahrzeit:** 28 km, 2¼ Std.
**Anforderungen:** 110 Hm Steigungen.
**Einkehrmöglichkeiten:** Ghs. Pritzl (Do u. Fr mittag Ruhetag) in Thalham, Ghs. Drexl (Mo Ruhetag) in Agatharied.
**Bademöglichkeit:** Warmfreibad Miesbach, 8.30–20.00 Uhr, ✆ 08025/1777; Parkstrandbad Schliersee, ✆ 08026/20010.
**Sehenswert:** Flußauen und Bach, Kirche St. Agatha, Schliersee.

Der romantisch gelegene Schliersee ist mit seinen Liegewiesen, dem Strandbad und den Bootshäusern besonders im Sommer ein attraktives Ziel.

Neben dem Gasthaus »Pritzl« in **Talham** kurven wir ins Mangfalltal hinunter, überqueren die Mangfall, halten uns links und nach der Bahnunterführung wieder links (zur Schranke). Wir radeln durch das Wasserschutzgebiet in den Mangfallauen und über die Mangfallbrücke. 700 m weiter, bei der Schlierachbrücke, biegen wir links auf einen Fußweg hinaus, der als Pfad (Drehkreuz) die Bahnlinie überquert. An ihr entlang radeln wir weiter südwärts nach **Miesbach** hinein und nach Süden durch die Stadt (Schützenstraße, Bahnunterführung, Wallenburger Straße, Bahnhof, Badstraße, Bahnübergang Haidmühl).

*Der wunderschöne Blick auf den Schliersee von der Schliersbergalm aus.*

Wir verlassen Miesbach in **Haidmühl** beim Sägewerk und fahren auf dem Radweg nach **Agatharied** (hier ist die Pfarrkirche St. Agatha, um 1500, sehenswert). Er schlängelt sich dort nach dem Gasthaus »Drexl« kurz über den Bach und läßt uns wieder durch ein Fußgänger-Drehkreuz schlüpfen: Nun läuft er 50 m weit neben dem Bahndamm her und stößt dann auf eine Straße.

Wir biegen rechts ab und verlassen sie schon nach 500 m wieder nach links, auf einem (guten) Feldweg, der bald neben der Schlierach in **Hausham** einmündet und zwischen Friedhof und Bahndamm weiterführt. Ein paar hundert Meter weiter biegt er rechtwinkelig rechts ab, leitet uns am Sägewerk vorbei, über die Tegernseer Straße und hält sich dann immer neben der Schlierach. Bald heißt er Schlierachstraße und kommt so in **Schliersee** (Ecke Breitenbachstraße) an.

Links herum geht's auf der Breitenbachstraße zum Bahnübergang an der Miesbacher Straße und rechts weiter (Leitnerstraße, Dekan-Maier Weg) zur Schliersbergbahn-Talstation. Mit einer Kleinkabinenbahn kann man zur Schliersbergalm gondeln. Von hier haben wir einen herrlichen Blick über den ganzen See.

Zurück fahren wir so, wie wir hergekommen sind.

# 23 Von Gmund nach Wörnsmühl

Auf Nebenwegen ins Leitzachtal

**Gmund – Ostin – Miesbach – Agatharied – Wörnsmühl und zurück**

**Ausgangsort:** Gmund, 740 m.
**Ausgangspunkt/Parkplatz:** Parkplatz oberhalb vom Bahnhof an der Wiesseer Straße in Gmund.
**Strecke und Fahrzeit:** 40 km, 3½ Std. (hin und zurück).
**Anforderungen:** 410 Hm Steigungen, anstrengend.
**Einkehrmöglichkeiten:** Ghs. Kistler-Wirt (Fr Ruhetag) in Ostin; Ghs. Nägele (Mi Ruhetag) in Wörnsmühl.
**Bademöglichkeit:** Warmfreibad Miesbach, 8.30–20.00 Uhr, 08025/1777; Strandbad Seeglas in Gmund, ✆ 08022/76129.

Diese Tour ist eine erlebnisreiche Drei-Flüsse-Fahrt zu Mangfall, Schlierach und Leitzach.

Von **Gmund** radeln wir neben der Brücke an der Mangfall entlang bis Mühltal, wo wir rechts aufwärts über Schwärzenbach (die Straße überqueren) hinter **Ostin** (Neureuther Straße) vorbeikommen und geradeaus weiterfahren.

Bei Unterschuß überqueren wir dieselbe Straße noch einmal und mühen uns (rechts) gegenüber bergauf nach Antenloh, Waldhof und Gieshof. Abwärts, an Grub und Stoib vorbei, rollen wir in Miesbach-**Haidmühl** ein, verlassen aber die Stadt gleich wieder beim Sägewerk auf dem Radweg nach **Agatha-**

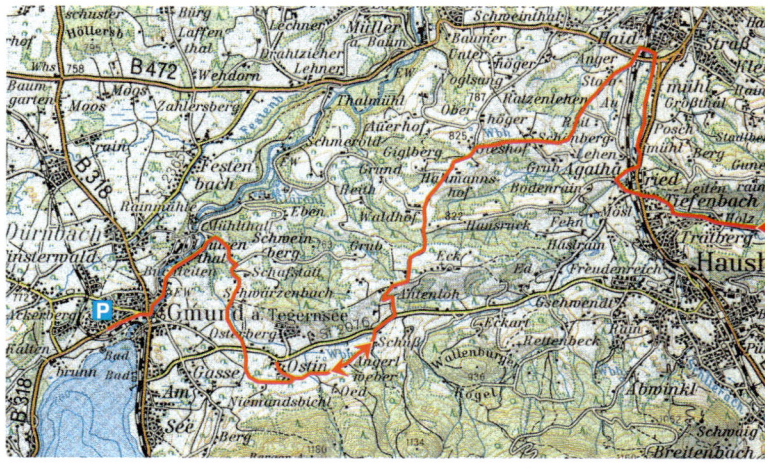

*Das Gasthaus »Drexl« in Agatharied.*

**ried**. Dort schlängelt sich unser Radweg nach dem Gasthaus »Drexl« über den Bach und durch ein Fußgänger-Drehkreuz, um 50 m weit neben dem Bahndamm herzulaufen, bevor er auf die Straße (zum Tegernsee) stößt. Wir schwenken links herum und rollen zur Durchgangsstraße zurück.

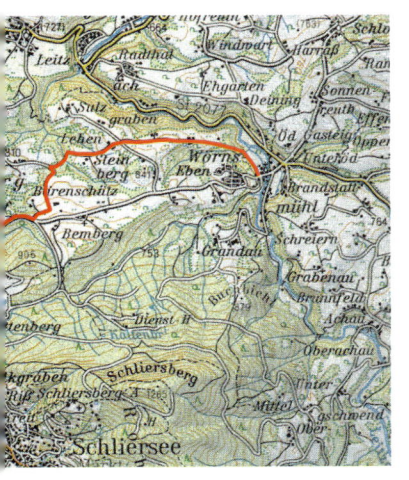

Rechts gegenüber verschwinden wir auf der Tiefenbachstraße und erreichen so bei Holz die Straße nach Wörnsmühl. Wir treten auf ihr 2 km bergauf bis zur Abzweigung links. Sie erlaubt uns, von der Autostraße wegzukommen und über Halmer auf die Parsberger Höhe (Lehen) hinüberzuradeln. So kommen wir, an Kellpoint und Aigen vorbei, nach **Wörnsmühl** hinunter und zur Leitzach.

Wir nehmen denselben Weg, auf dem wir hergekommen sind, zurück zum **Ausgangspunkt**.

# 24 Rund um den Auer Berg

Eine sportliche Tour

**Greisbach – Effenstätt – Niklasreuth – Au – Bad Feilnbach – Greisbach**

*Frühlingswiesen am Weg von Greisach nach Schwarzenberg.*

**Ausgangsort:** Greisbach, 820 m (bei Elbach).
**Ausgangspunkt/Parkmöglichkeit:** Ghs. Kirchstiegl in Greisbach.
**Strecke und Fahrzeit:** 19 km, 2 Std. (ohne Verlängerung).
**Anforderungen:** 300 Hm Steigungen (nur 1/3 der Auer-Berg-Runde ist sehr verkehrsarm).
**Einkehrmöglichkeiten:** Ghs. Kirchstiegl (Mo Ruhetag) in Greisbach, Gst. Alter Wirt (Mi u. Do Ruhetag) in Hundham, Ghf. Beckenlehner (Di u. Mi Ruhetag) in Au.
**Bademöglichkeit:** Freischwimmbad Au (Juni–August), ✆ 08064/1565.
**Hinweis:** Ein Tourenrad (mit mehr als 5 Gängen!) ist empfehlenswert; den Kfz-Verkehr zwischen Au, Bad Feilnbach und Hocheck darf man nicht scheuen!
**Variante:** Ab Au Verlängerung nach Bad Aibling auf *Fuß- und Radwanderweg (alte Bahnlinie)* möglich, 1¼ Std./16 km mehr.

Dieser Tourenvorschlag bietet eine sportliche Radwanderung mit Verlängerungsmöglichkeit vor der Kulisse der Wendelsteinberge.

Ab **Greisbach** fahren wir 1,3 km über Schwarzenberg zur Pkw-Straße, die wir 500 m oberhalb von Hundham überqueren, um drüben, immer geradeaus, über **Graben-Effenstätt** nach Sonnenreuth zügig durchzufahren. Von dort an treten/schieben wir auf der Straße über den Hügel nach **Niklasreuth** steil bergauf und sausen dann nach **Au** hinunter.

Von hier aus bietet sich ein autofreier Abstecher nach Bad Aibling an: 16 km freie Fahrt auf ebenem Weg hin und zurück.

Bei der Kirche in Au halten wir uns nach rechts und spurten nach **Bad Feilnbach** hinüber. Vor dem Ort kreuzt die Hundhamer Straße unseren Weg, und wir folgen ihr rechts aufwärts in Richtung Hundham. Da heißt es wieder treten und schieben, und erst wenn wir nach 230 Hm Steigung auf 3,5 km an der Auffahrt zum Hocheck vorbeigekommen sind, haben wir das Gröbste überstanden.

Wir passen dann, abwärts fahrend, trotz der schönen Aussicht gut auf, daß wir richtig links auf den Teerweg nach Schwarzenberg einbiegen, um zu unserem Ausgangspunkt in **Greisbach** zurückzukehren.

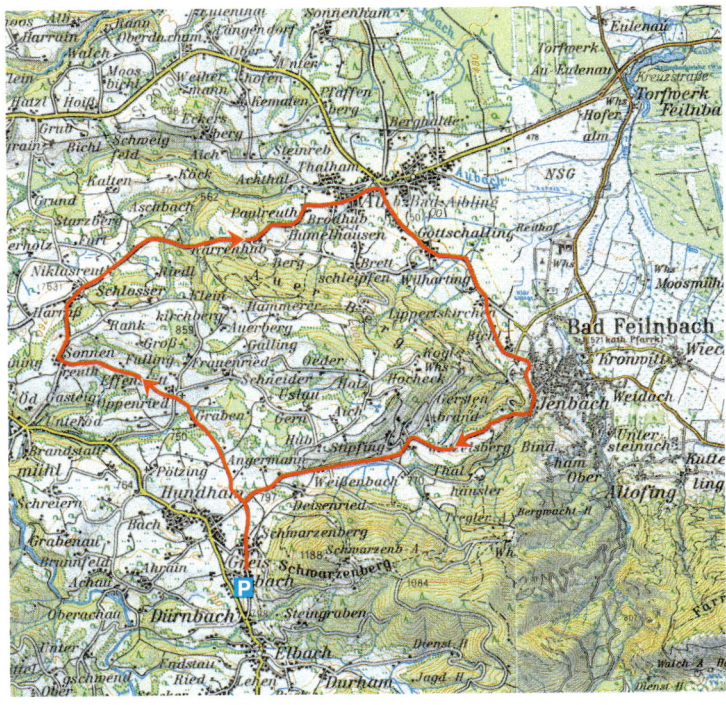

# 25 Am Schliersee

Rund um den See und auf die Berge

**Schliersee – Untere Krainsberger Alm – Fischhausen – Schliersee**

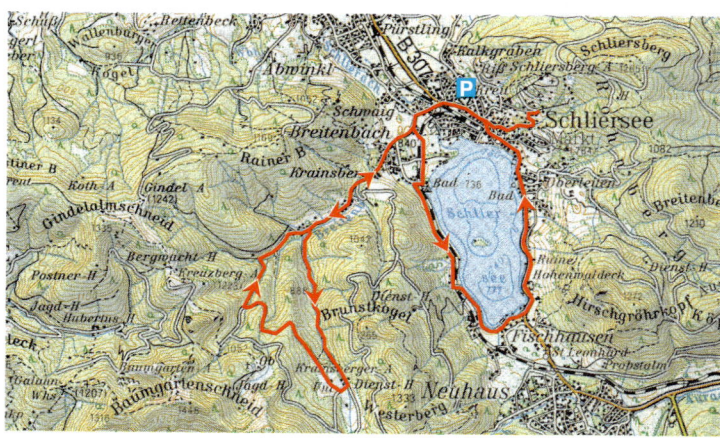

**Ausgangsort:** Schliersee, 784 m.
**Ausgangspunkt/Parkmöglichkeit:** Ghf. Prinzenweg an der Miesbacher Straße.
**Strecke und Fahrzeit:** 18 km, 1¾ Std.
**Anforderungen:** 240 Hm Steigungen.
**Einkehrmöglichkeiten:** Ghs. Prinzenweg (Di Ruhetag, Zithermusik: Do 19.00 Uhr); Ghf. Niederwaldeck (»Schnapperwirt«, Di u. Mi Ruhetag) in Fischhausen, Rest. Schliersbergalm, auf dem Schliersberg (Bergstat.).

**Bademöglichkeit:** Parkstrandbad Schliersee, ✆ 08026/20010; Hallenbad Schliersee, ✆ 08026/6902; Freibadeplätze am Westufer.
**Bootsverleih:** Haag, Kurweg 3, ✆ 08026/6747 und priv. Motorschiff Stöger, ✆ 08026/6613, in Fischhausen.
**Bergbahn:** Kabinenbahn zur Schliersbergalm.
**Sehenswert:** Der Ort, der See, die Berge.

Gesunde Luft und zugängliche Seeufer, Wanderwege und gepflegte Kurwege, Bauernhäuser mit Lüftlmalereien, Trachten und Brauchtum, Volksgesang und Bauerntheater, Kirchenkunst und Gastlichkeit. Das alles ist Schliersee! Und es liegt so nah, fahren wir hin! Bewundern wir die St. Sixtuskirche, St. Martin, die St. Georgs-Kapelle, die St. Leonhards-Kirche, das Rathaus – besuchen wir die Burgruine Hohenwaldeck, das Heimatmuseum und das Jennerwein-Grab.

Wir radeln vom **Ausgangspunkt** durch die Breitenbach- und Hennererstraße zum Wanderparkplatz Au, wenden uns davor schon links übers Brückerl und kommen durchs Tufftal zur **Unteren Krainsberger Alm**. Auf dem Wanderweg *W17* kehren wir zum Prinzenweg im Stadeltal zurück und fahren wieder ab zum Wanderparkplatz bei Au (Rückweg wie Herweg). Danach haben wir noch genügend Zeit, uns von der Anstrengung zu erholen, im Wasser oder am Kaffeetisch auf der Schliersbergalm.

Dann radeln wir um den **See**: Zuerst fahren wir gegenüber dem Ausgangspunkt übers Bahngleis, dann durch die Breitenbachstraße bis zur Einmündung der Schlierachstraße. Da sehen wir linker Hand beim ersten Hof (Schwaiger-Bauer) 50 m weit in der Wiese einen Bildstock stehen. Hinter diesem Hof beginnt der Fuß- und Radweg.

Er führt uns am Bahngleis entlang und über ein unbequemes Trepperl. Dann läuft er am Campingplatz vorbei und problemlos am See-Westufer (Badeplätze) südwärts. Am Ufer entlang gelangen wir zur Autostraße in **Fischhausen**. In Sichtweite steht der »Schnapperwirt« (in der Nähe die Motorschiff-Anlegestelle), dahinter beginnt der beschilderte Wander-Fußweg *W6* zur Burgruine Hohenwaldeck hinauf. Diesen Abstecher auf Schusters Rappen sollten wir uns nicht entgehen lassen (zusätzlicher Zeitaufwand ½ Std.). Um die Gemäuerreste der Ruine soll immer noch eine Waldeckerin spuken, die im Bergfried eingesperrt gewesen und darin verhungert sein soll.

Anschließend fahren wir am Ostufer zügig zurück zum **Ausgangspunkt** (viel Verkehr).

*Am Schliersee.*

# 26 Fischbachau im Leitzachtal

Buckelwege über niedrige Hügel

**Fischbachau – Gschwend – Effenstätt – Hundham – Hammer – Birkenstein – Fischbachau**

**Ausgangsort:** Fischbachau, 772 m.
**Ausgangspunkt/Parkmöglichkeit:** Alpen-Warmfreibad Fischbachau.
**Strecke und Fahrzeit:** 26 km, 2½ Std.
**Anforderungen:** 320 Hm Steigungen, überwiegend geteert.
**Einkehrmöglich:** Gst. Alter Wirt (Mi u. Do Ruhetag) in Hundham; Cafe Krugalm (Do u. Fr Ruhetag), Hammer; Ghf./Pens. Oberwirt (Mi Ruhetag), Birkenstein.
**Bademöglichkeit:** Warmfreibad Fischbachau, Mai–September, ✆ 08028/2566.
**Sehenswert:** Die Bergkulisse, Jodlhof und Birkenstein.

Fischbachau am Fuße des Breitensteins ist der Ausgangsort dieser Tour. Sehenswert sind das Kloster und die Klosterkirche, die aus den Jahren 1087–97 stammen. Ein weiterer religiöser Anziehungspunkt ist die kleine Wallfahrtskirche Birkenstein (am Fuße des Breitensteins), wo schon seit 1663 ein Marterl gestanden hatte. Sie ist Ziel der vielen Bittsteller, die bei der Gottesmutter Hilfe suchen.

Ein gemütlicher Weg bringt uns vom **Warmfreibad** aus nach links in Richtung Mühlkreit zur Kreuzung von drei Teerwegen und links weiter übers Leitzachbrückerl Richtung Faistenau. Wir radeln quer zum Hang, beim Trafo-Turm in einer Spitzkehre rechts aufwärts, an **Gschwend** vorbei und zur Leitzachbrücke bei Achau hinunter. Drüben mühen wir uns (links) steil bergauf und sausen oben zum Funk-Hof hinüber. Auf der Straße Wörnsmühl – Hundham schwenken

*Die Leitzach überqueren wir auf unserer Tour mehrmals.*

wir links ein, kurven 800 m weit abwärts und biegen beim Bus-Wartehäuschen rechts ein. Dann treten wir nach **Effenstätt** hinauf (Kapelle) und fahren dort rechts über Graben weiter bis zur Autostraße, die wir 500 m oberhalb von Hundham erreichen.

Wir bremsen nach **Hundham** hinunter, fahren links (am »Alten Wirt« vorbei), dann rechts (Leonhardiweg) nach Hauserbichl und über das starke Gefälle (15%) zur Achau-Leitzachbrücke hinunter. Wir radeln den uns schon bekannten Weg in entgegengesetzter Richtung bis **Faistenau** (Trafo) und biegen vor der Leitzach (bei Fischbachau) rechts ab nach Trach-Stauden.

Auf der anderen Seite der Autostraße sehen wir links die Brücke, daneben den Weg zur »Krugalm« und rechts von uns die Straße nach **Hammer** hinein (auf der wir den Jodlbauernhof, s. Tour 28, erreichen können – in Hammer den Leitzachsteg für die Weiterfahrt zur Krugalm benützen). Unser Weg entlang der Bahnlinie knickt bei dem Haltepunkt Geitau links ab und endet 300 m weiter auf einem Wanderparkplatz, von dem aus unser (»Schiebe«)Weg *W5* nach Birkenstein hinauf beginnt. Vom »Oberwirt« in **Birkenstein** aus rollen wir dann geradeaus hinunter (Straßenüberquerung) bis zum **Ausgangspunkt**.

# 27 Schliersee-Leitzachrunde

Auf Nebenwegen um die Schliersberge herum

**Aurach – Fischbachau – Wörnsmühl – Schliersee – Fischhausen – Aurach**

**Ausgangsort:** Aurach, 775 m.
**Ausgangspunkt/Parkmöglichkeit:** Ghs. Mairhofer in Aurach (an der B 307).
**Strecke und Fahrzeit:** 27 km, 2¼ Std.
**Anforderungen:** 220 Hm Steigungen.
**Einkehrmöglichkeiten:** Ghs. Sommerkeller (Mo Ruhetag) in Wörnsmühl; Ghs. Mairhofer (Di Ruhetag) in Aurach, ✆ 08028/859; Ghs. Nägele (Mi Ruhetag) in Wörnsmühl; Ghf. Prinzenweg (Di Ruhetag) in Schliersee.
**Bademöglichkeit:** Parkstrandbad Schliersee, ✆ 08026/20010; Hallenbad Schliersee, ✆ 08026/6902; Warmfreibad Fischbachau, Mai–September, ✆ 08028/2566.
**Sehenswert:** Nebenwege, Bauernhöfe, Schliersee.

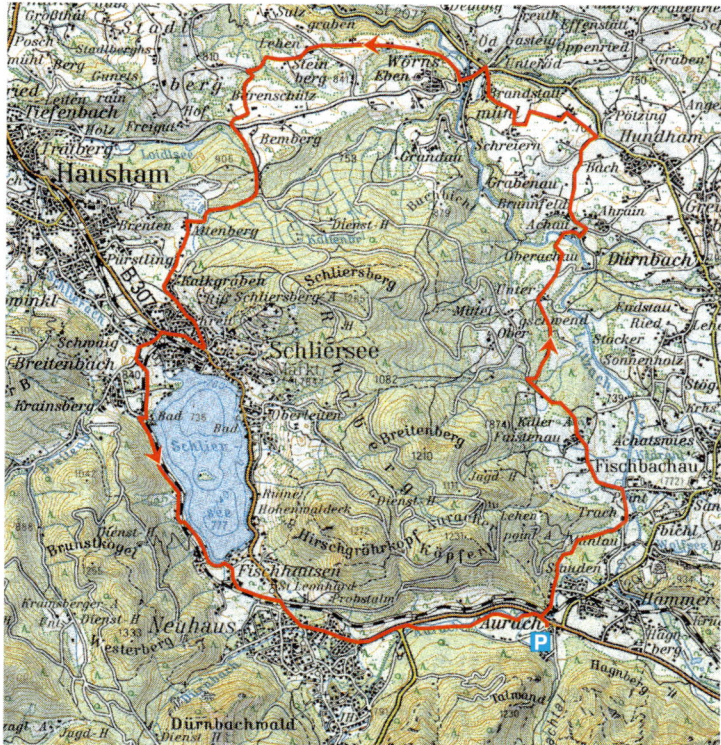

Die immer wieder Hochwasserkatastrophen verursachende Leitzach wurde 1865–1968 »reguliert« und gebändigt. Sie kommt von Bayrischzell her, hat ihr Flußtal von Fischbachau bis Hundham stark ausgeweitet und bietet zusammen mit den ringsum stehenden Bergen harmonische Postkartenmotive. Auch die Kultur im Tal wuchs aus dieser Harmonie: Frohsinn und Frömmigkeit, Tanz und Gesang, Bauernhäuser, Bauernmöbel und Lüftlmalerei.

Wir stehen mit dem Rücken zum Gasthaus »Mairhofer« in **Aurach** und schauen nach links, wo wir 150 m von uns entfernt das Aurachbrückerl an der B 307 sehen. Dort beginnt der Fuß- und Radwanderweg W6 nach Trach (nicht rechts abbiegen). 300 m dahinter kommen wir zur Leitzachbrücke bei Point, vor der wir links abbiegen und nach **Faistenau** hinauftreten.

Dieser Weg läuft an Gschwend vorbei und zur Leitzachbrücke bei Achau hinunter. Auf der rechten Bachseite steigt der Weg steil nach Brunnenfeld hinauf, und oben sausen wir mit Schwung zum Funk-Hof hinüber, vor dem wir links nach Schreiern abbiegen. Dann fällt unser Weg lang ab bis **Wörnsmühl**.

Der Wiedenhof (1772 erbaut) zwischen Wörnsmühl und Hundham (in der Nähe vom Funk-Hof) zeigt die älteste Bemalung in dieser Gegend: Figuren, Bibeltexte und Fensterumrahmungen. Leider haben 200 Jahre Witterung daran genagt, und alles bräuchte dringend eine Erneuerung.

Wir kurven links hinein zur Kirche, wieder einmal über die Leitzach und hinterm Gasthaus »Nägele« rechts eben hinaus, wo der Weg hinterm Gebüsch steil aufsteigt (Kirschenbäume am Straßenrand) nach Aigen, Kellpoint und Lehen (Parsberger Höhe).

Wo er wieder abfällt und im Wald verschwindet, heißt's aufpassen, weil es mittendrin scharf links herumgeht, am Halmer vorbei zur Autostraße hinauf. Wir überqueren diese Straße nur, um drüben (ungeteert) abwärts in den Wald hineinzurollen. So kommen wir über Altenberg und Schweinthal nach **Schliersee** hinunter und unten rechts herum (auf der Miesbacher Straße) zum Gasthof »Prinzenweg«.

Da radeln wir übers Bahngleis (gegenüber) und auf der Breitenbachstraße nach hinten zur Einmündung der Schlierachstraße (links: Schwaiger-Bauer, Bildstock beim Hof, 50 m weit in der Wiese). Hinter dem Hof beginnt der Fuß-Radweg. Er führt neben dem Bahndamm weiter und dann (nur einmal!) über ein unbequemes Trepperl, am Campingplatz vorbei, am See-Westufer entlang (Badeplätze) und am Ende weiter zum Bahnhof **Fischhausen**-Neuhaus.

Von da aus radeln wir bei der Gabelung im Ort rechts in die Josefsthaler Straße, dann links in die Schönfeldstraße und über den Filzenweg und den Parkplatz an der Spitzingstraße zu unserem Ausgangspunkt in **Aurach** zurück.

# 28 Vom Schliersee zum Wendelstein

Gute Talwege

**Fischhausen – Neuhaus – Aurach – Hammer – Geitau und zurück**

**Ausgangsort:** Fischhausen, 780 m.
**Ausgangspunkt/Parkmöglichkeit:** Ghf. Niederwaldeck (»Schnapperwirt«) in Fischhausen.
**Strecke und Fahrzeit:** 25 km, 2 Std.
**Anforderungen:** 60 Hm Steigungen, leicht.
**Einkehrmöglichkeiten:** Beim »Schnapperwirt« (Di u. Mi Ruhetag); Café Krugalm (Do u. Fr Ruhetag) in Hammer; Ghf. Rote Wand (Di u. Mi mittag Ruhetag) in Geitau.

**Bergbahn:** Wendelstein-Großkabinenseilbahn (9.00–16.00 Uhr) in Osterhofen.
**Bademöglichkeit:** Parkstrandbad Schliersee, ✆ 08026/20010; Hallenbad Schliersee, ✆ 08026/6902; Freibadeplätze am Westufer.
**Bootsverleih:** Am südl. Seeweg in Fischhausen: Stöger, ✆ 08026/6613.
**Sehenswert:** Wasserfall, Jodlbauernhof, Wendelstein.

Der markante Gipfel des Wendelstein ragt gut 1000 Hm über Bayrischzell auf und trägt außer dem Gipfelkapellchen (1718) die Station des Bayerischen Rundfunks und das Sonnen-Observatorium. Die Wendelsteinhöhle in 1740 m Höhe (Südwand) und das Wendelsteinkircherl sind vielbesuchte Anziehungspunkte.

Vom »Schnapperwirt« radeln wir zum Bahnhof **Fischhausen-Neuhaus** und folgen dort dem beschilderten Radweg: 400 m weit neben der B307, dann 1,4 km leicht ansteigend durch die Josefsthaler Straße in Neuhaus und an ihrem Ende übers Brückerl und (ungeteert) rechts weiter zum Wasserfall. Danach kehren wir übers Brückerl zurück und nehmen etwas weiter unten die erste Abbiegung rechts in die Aurachstraße. Auf ihr rollen wir zum kleinen Parkplatz an der Spitzingstraße hinunter, überqueren diese und radeln drüben weiter bis **Aurach**. Dort fahren wir neben der Straße (Radweg) 1 km

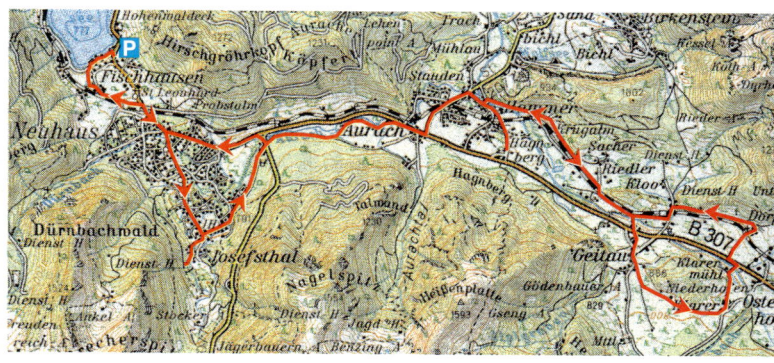

*An der linken Hausecke des Jodlbauernhofs sind Adam und Eva zu erkennen.*

Richtung Fischbachau, und zwar bis vor die Leitzachbrücke bei **Hammer**, wo wir rechts einbiegen und auf der Bahnhofstraße und Hagnberger Straße zum **Jodlbauernhof** spurten. Er ist wegen seiner auffallend einfallsreichen Lüftlmalereien sehenswert. Ein Motiv als Beispiel: Um eine Hausecke herum ist der paradiesische Apfelbaum gemalt, mit Adam auf einer und Eva auf der anderen Seite.

Danach kehren wir zurück, überqueren die Leitzach auf dem Steg in Hammer und setzen unseren Weg flußaufwärts fort zur »Krugalm«.

An ihr vorbei und neben dem Bahngleis strampeln wir noch vor dem Bahn-Haltepunkt Geitau rechts hinüber und in den Ort hinein. Wir radeln auf dem sanft ansteigenden Wanderweg *K4* aufwärts, am oberen Rand des Segelflugplatzes entlang und zur Hinteren Heubergalm. Durch eine Spitzkurve am Waldrand fahren wir nach links wieder 1,75 km abwärts bis zum Transformatorenhäuschen zwischen Alpbach- und Leitzachbrückerl bei Niederhofen hinunter und auf die B 307 hinaus. Gegenüber sehen wir den Großparkplatz der Wendelsteinbahn bei **Osterhofen**. Wir treten zur Bahnlinie hinauf, an ihr entlang 1 km weiter zum Bahn-Haltepunkt **Geitau** und wieder zur »Krugalm«. Von da aus fahren wir auf demselben Weg, auf dem wir hergekommen sind, zurück zum **Ausgangspunkt** (von der Spitzingstraße aus dürfen wir durch Neuhaus über Filzenweg und Schönfeldstraße abkürzen).

# 29 Vom Schliersee zum Spitzingsee

Eine Berg-Radtour für Trainierte

**Fischhausen – Neuhaus – Spitzingsattel – Spitzingsee – Valepp und zurück**

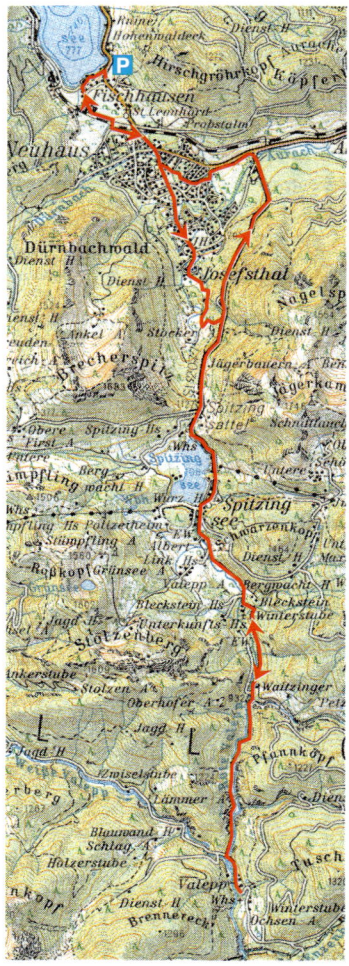

**Ausgangsort:** Fischhausen, 780 m.
**Ausgangspunkt/Parkmöglichkeit:** »Schnapperwirt« (Ghf. Niederwaldeck) in Fischhausen.
**Strecke und Fahrzeit:** 27 km, 3½ Std.
**Anforderungen:** 600 Hm Steigungen, schwer. Höhen: Ausgangspunkt, 780 m – Ghf. Brunnenhof/Neuhaus, 810 m; Spitzingstraße, 1000 m – Spitzingsattel, 1127 m; Spitzingsee, 1085 m – Valepp, 900 m.
**Einkehrmöglichkeiten:** Landghf. Brunnenhof (810 m, Do Ruhetag) in Neuhaus; Café/Rest. Klausenhütte, Spitzingsee.
**Bademöglichkeiten:** Parkstrandbad Schliersee, ✆ 08026/20010; Hallenbad Schliersee, ✆ 08026/6902; Freibadeplätze am Westufer.
**Bergbahn:** Stümpfling-Sessellift-Bahn 8.45–16.30 Uhr; Taubenstein-Kabinen-Seilbahn 8.45–16.30 Uhr.
**Sehenswert:** Der See und die Berge.
**Hinweis:** Eine Mountainbike-Tour, die auch, vor allem durch Aufteilung in Etappen, eine »Normalrad-Tour« sein kann.

Aus dem Stumpfsee, wie der Spitzingsee früher einmal hieß, fließt die Rote Valepp, und da steht seit 150 Jahren die Wurzhütte. Benannt ist sie nach dem »Hochwurzenen«, dem Enzian-Schnaps, der aus der Wurzel des Gelben Enzian (Gentiana lutea) gebrannt wird, und das schon seit dem Mittelalter. Er findet auch heute noch regen Zuspruch, manche verwenden ihn sogar als Medizin.

Auch wenn durch Aufteilung der Strecke in Etappen und mehrere Pausen die Anforderungen gemildert werden können, sollte sich doch jeder überlegen, ob diese Radwanderung die richtige Wahl ist. Denn eigentlich entsprechen die Anforderungen eher einer Mountainbike-Tour.

Wir radeln vom **Ausgangspunkt** zum Bahnhof Fischhausen-**Neuhaus**, biegen in Neuhaus rechts ab in die Josefstaler Straße, treten bis zu ihrem Ende am Brückerl hinauf und dahinter, wo der Weg zum Wasserfall nach rechts abbiegt, schieben wir geradeaus bergan. Wer es steil aufwärts mag, wird auch die 220 Hm bis zur Einmündung des alten Weges in die Spitzingstraße strampeln können.

Nun sind es nur noch 127 Hm bis zum höchsten Punkt, dem **Spitzingsattel** (dieses letzte Stück ist allerdings unangenehm, da viele Autos an uns vorbeibrausen). Dann haben wir es aber auch schon geschafft, denn jetzt rollen wir mühelos abwärts zum **Spitzingsee** und hinter zur Wurzhütte. Da läuft unser Drahtesel dann flott bergab zur **Valepp**.

Der Rückweg ist derselbe wie der Herweg, aber bei der Abfahrt vom Spitzingsattel aus bremsen wir diesmal ganz hinunter bis zum Parkplatz an der B 307 (linker Hand). Von da aus fahren wir gemütlich über Filzenweg und Schönfeldstraße durch **Neuhaus** zurück zum **Ausgangspunkt**.

*Das ehemalige Forsthaus Valepp ist eine beliebte Ausflugsgaststätte.*

# 30 Um den Seeberg herum

Ein schöner Talweg ins Ursprungtal

**Hammer – Bayrischzell – Ursprungtal und zurück**

**Ausgangsort:** Fischbachau-Hammer, 760 m.
**Ausgangspunkt/Parkmöglichkeit:** Krugalm (bei Hammer).
**Strecke und Fahrzeit:** 26 km, 2¼ Std. (hin und zurück).
**Anforderungen:** 180 Hm Steigungen, leicht.
**Einkehrmöglichkeiten:** Café Krugalm (Do u. Fr Ruhetag) bei Hammer; Ghf. Rote Wand (Di u. Mi mittag Ruhetag) in Geitau; Forstghf. Zipflwirt (ab 15.8. Di Ruhetag).
**Bademöglichkeit:** Alpen-Warmfreibad Bayrischzell, ℂ 08023/1019.
**Bergbahn:** Wendelstein-Großkabinenseilbahn (9.00–16.00 Uhr) in Osterhofen.

Auf dieser Tour bietet sich mit dem Bayrischzeller Höhenweg die Möglichkeit, die Rad- mit einer Bergwanderung zu kombinieren. Der Höhenweg ist für uns von Geitau (Steilenbachtal), von Bayrischzell (Waldkuranlage) und vom Ursprungtal her (Sillberghaus) erreichbar, natürlich nur zu Fuß (den Drahtesel bis zur Rückkehr anbinden)!

Wir fahren von der »Krugalm« in **Hammer** nach 1 km rechts hinüber nach Geitau und am oberen Rand des Segelflugplatzes (Weg K4) hinauf zum

*Bayrischzell mit dem weithin sichtbaren Wendelstein.*

Steilenbachtal-Parkplatz. Wir sausen am Alpbach entlang 1,75 km wieder hinunter zum Trafohäuschen am Brückerl (bei Niederhofen), wo wir rechts den Weg nach **Bayrischzell** (800 m) nehmen.

Der Luftkurort am Fuße des Wendelstein hat sich seinen ländlichen Charakter und seine oberbayerische Eigenart bis heute erhalten. Mittelpunkt ist die Pfarrkirche St. Margaretha aus dem 18. Jh. Im Ortsteil Osterhofen befindet sich die Talstation der Kabinenseilbahn auf den Wendelstein.

Vom Parkplatz der Waldkuranlage fahren wir vorsichtig, denn hier sind Fußgänger unterwegs, auf dem Waldrand-Wanderweg ins **Ursprungtal** hinein und achten auf den rechts abzweigenden Bergweg zum **Sillberghaus** (1072 m, ganzj. bew.). Nach kurzer Fortsetzung unseres Radweges im Ursprungtal südwärts stoßen wir schließlich auf unsere Wendemarke, den »**Zipflwirt**« (eine alternative Einkehrmöglichkeit ist die »Bäckeralm«, etwas weiter südlich, vor der Grenze).

Unser Rückweg ist derselbe wie der Herweg.

# 31 An der Weißen und Roten Valepp

Auf gepflegten Wegen an wilden Bächen

**Suttensee – Valepp – Spitzingsee – Valepp – Suttensee**

**Ausgangsort:** Oberes Rottachtal (Enterrottach), 780 m.
**Ausgangspunkt:** Talstation der Suttenbahn, 975 m, Anfahrt von Tegernsee-Enterrottach auf der steilen Mautstraße.
**Parkmöglichkeit:** Zwischen Ausgangspunkt und Suttensee.
**Strecke und Fahrzeit:** 26 km, 2½ Std.

**Anforderungen:** 380 Hm Steigungen, Mautstraße bzw. Kfz-Sperre.
**Einkehrmöglichkeiten:** Monialm (ganzj. bew.), Almghs. Valepp.
**Bergbahn:** Sutten-Sessellift (9.00–16.20 Uhr) in 15 Min. zur Bergstat. (1506 m).
**Sehenswert:** Besonders romantisches, uriges Wildbachtal.

*Die Weiße Valepp ist noch ein wilder Bach.*

Unser Zwischenziel auf dieser Tour ist die Valepp. Aus dem ehemaligen Forsthaus ist ein Almgasthaus geworden (siehe Bild Seite 81), eine unentbehrliche Wanderer-Station in dem verborgenen Winkel, wo sich Rote und Weiße Valepp vereinigen und südwärts abfließen. Die geteerte Straße von Enterrottach zur Valepp ist eine Mautstraße, die Forststraße von der Valepp zum Spitzingsee ist nur für den Omnibus (6mal/Tag) frei, das bedeutet für uns Radler eine relativ ungestörte Tour.

Oberhalb des **Suttensees** gibt es keinen Parkplatz mehr, und es fahren nur einzelne Autos (Gebühr) – da beginnt das Radfahrer-Vergnügen. Unser Weg folgt dem gewundenen Bachlauf stetig abwärts, und wir erleben bei jeder Kurve immer noch schönere Ausblicke auf die Berghänge, auf den Bach in der Tiefe und in die Ferne. Unten, bei der Sperre zur Spitzingstraße, geht's rechts hinter zum Almgasthaus **Valepp** und zu den Wanderwegen (Erzherzog-Johann-Klause, Elendsattel usw.).

Wir kehren zur Sperre zurück. Dann treten wir hinter der Schranke die 185 Hm zum **Spitzingsee** (1085 m) auf einer breiten Forststraße hinauf, über die wir aber später wieder herunterrollen dürfen.

Der Rückweg von der **Valepp** zum **Ausgangspunkt** steigt zwar an, aber es lohnt sich, dieses schöne Tal auch von der anderen Seite her zu erleben.

# 32 Vom »Zipflwirt« zum Spitzingsee

Einsame Wege in den »Wilden Westen«

**Ursprungtal – Klooaschertal – Elendsattel – Valepp – Spitzingsee und zurück**

*Bei der Elendalm kann man nicht einkehren, aber ein Brunnen verschafft Abkühlung.*

**Ausgangsort:** Bayrischzell, 800 m.
**Ausgangspunkt/Parkmöglichkeit:** Zipflwirt, 820 m (im Ursprungtal).
**Strecke und Fahrzeit:** 36 km, 4½ Std.
**Anforderungen:** 751 Hm Steigungen, schwer.

**Einkehrmöglichkeiten:** Forstghf. Zipflwirt (ab 15.8. Di Ruhetag); Almghs. Valepp; Café/Rest. Klausenhütte am Spitzingsee.
**Bademöglichkeit:** Alpen-Warmfreibad Bayrischzell, ✆ 08023/1019.
**Sehenswert:** Talkessel, Elendalm, See.

Dies ist die längste und anstrengendste Tour in diesem Führer. Sie kann jedoch in Teilstrecken aufgeteilt werden.
Die Etappen: Zipfelwirt (820 m) – Elendsattel (1143 m): 7 km/323 Hm bergauf; Elendsattel (1143 m) – Valepp (900 m): 5,5 km/243 Hm bergab; Valepp (900 m) – Spitzingsee (1085 m): 5,5 km/185 Hm bergauf. Bei der Rückfahrt werden aus den Abfahrten natürlich Anstiege.
Während wir vom **»Zipflwirt«** auf dem bequemen Fahrweg *W7* (der übrigens nicht lange geteert bleibt) ins **Klooaschertal** radeln, sehen wir den wasser-

reichen und humusarmen Untergrund dieses Wald- und Weidetales. Nach knapp 3 km kommen wir (bei der Gabelung rechts halten) zur Winterstube, wo der Elendgraben beginnt. Der Weg steigt jetzt ständig leicht an und wird bald steiler. Er folgt dem Bachlauf. Das Tal zeigt sich wild und abweisend. Endlich erblicken wir in einem Talkessel die **Elendalm**, unbewirtschaftet, aber mit einem Brunnen, und wir erreichen nach weiteren 400 m (und 30 Hm) den **Elendsattel** (1143 m). Hier ist der Augenblick der Entscheidung gekommen: umkehren oder weiterfahren?

Jetzt geht's in Richtung Valepp abwärts. Nach 1,5 km biegen wir nicht rechts ab, sondern bleiben geradeaus auf unserem Weg, der allerdings von jetzt an *W24* heißt. Er krümmt sich um den Tuschberg herum allmählich nach links, fällt dann, nach einem kurzen Aufbäumen, steil und lang ins Tal ab und bringt uns nach einer Spitzkehre (von wo aus der Weg zur Erzherzog-Johann-Klause abzweigt) rechts noch weiter abwärts zur **Valepp**.

Von da aus radeln wir zur Schranke, die nur für sechs Busfahrten täglich geöffnet wird. Wir treten also sorglos ohne Autoverkehr hinauf zum **Spitzingsee**.

Der **Rückweg** ist derselbe wie der Herweg.

# 33 Auf dem Mangfalltal-Radweg

Ebene Flußuferwege und Dammwege

**Bruckmühl – Kolbermoor – Rosenheim und zurück**

**Ausgangsort:** Bruckmühl, 508 m.
**Ausgangspunkt:** Am Bahnhof.
**Parkmöglichkeit:** Zwischen Fluß und Bahn.
**Strecke und Fahrzeit:** 38 km, 2¾ Std.
**Anforderungen:** 70 Hm Steigungen, ausgeschildert.

**Einkehrmöglichkeiten:** In den Orten.
**Bademöglichkeit:** Freizeitanlage Bad Aibling (Ende Mai–Mitte Sept.), ✆ 08061/1651.
**Fahrradmitnahme:** Bhfe. zwischen Bruckmühl und Rosenheim, ✆ 08031/19419.

Bruckmühl, das sich ursprünglich aus nur einer Mühle an der Mangfall entwickelt hat, erhält einen gewissen Reiz durch seine alten Fabrikgebäude, wie z.B. die ehemalige Papierfabrik. Kunstfreunde können von hier aus die Wallfahrtskirche Weihenlinden (siehe Tour 17) besuchen.

Wir starten in **Bruckmühl** bei der Mangfallbrücke auf der linken Flußseite und folgen den Schildern (grün auf weißem Grund) zunächst bis zur Flußüberquerung **Heufeld-Westerham**. Von da an geht's auf der rechten Seite der Mangfall weiter bis **Kolbermoor**, wo unser Radweg wieder die Flußseite wechselt und links neben dem Kanal bleibt, den er dann in **Rosenheim** wieder überquert, um neben der Mangfall weiterzulaufen bis zu ihrer Mündung in den Inn.

Das klingt recht verwirrend, sieht aber in der Wirklichkeit anders aus. Die Orts- und Stadtdurchfahrten sind auf diesem ausgeschilderten Radwander-

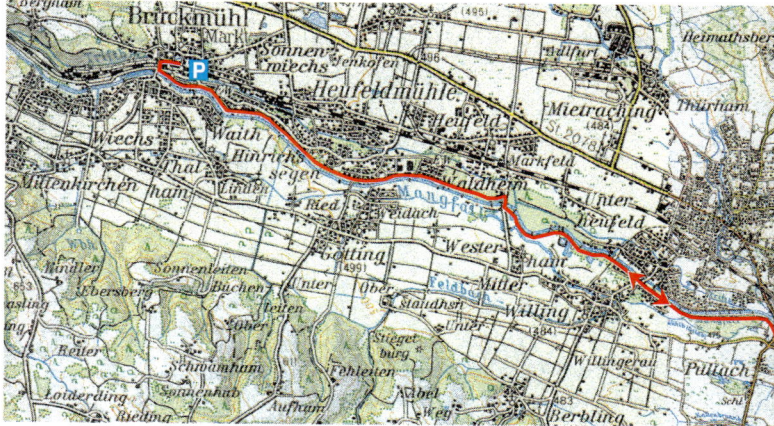

*Die Mangfallmündung in Rosenheim.*

weg auch dann problemlos zu meistern, wenn einmal eine Unsicherheit aufkommen sollte, weil sich der Weg immer am Fluß- oder Kanalufer hinzieht. Man kann den Weg also nicht verfehlen ...
Zurück fahren wir auf demselben Weg.

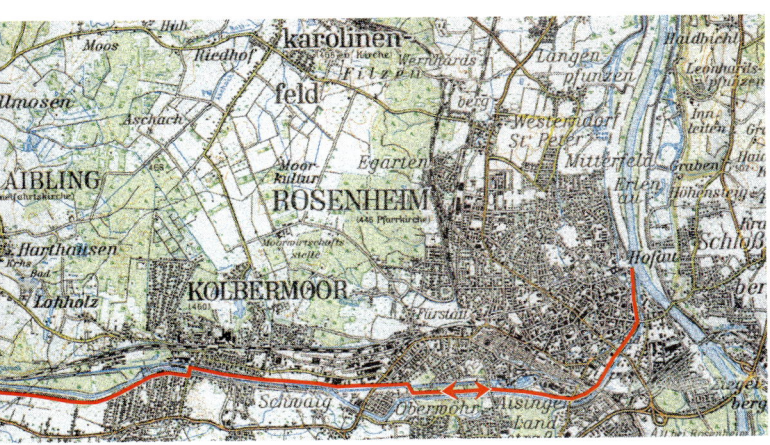

# 34 Von Bruckmühl nach Irschenberg

Nebenwege, Nebenwege, Nebenwege ...

**Bruckmühl – Götting – Berbling – Irschenberg – Götting – Bruckmühl**

**Ausgangsort:** Bruckmühl, 508 m.
**Ausgangspunkt:** Am Bahnhof.
**Parkmöglichkeit:** Zwischen Fluß und Bahn.
**Strecke und Fahrzeit:** 28 km, 2½ Std.
**Anforderungen:** 320 Hm Steigungen, nur geteerte Wege.

**Einkehrmöglichkeiten:** Landghf. Oberwirt (Mi Ruhetag) in Berbling; Ghs. Haltmaier in Loiderding, 750 m.
**Sehenswert:** Die Kirchen in Berbling, Wilparting und Götting, die Aussicht vom Irschenberg.

Im Gegensatz zur ständig überlasteten Autobahn am Irschenberg verläuft diese Tour rund um Irschenberg fast ausschließlich auf verkehrsarmen (und aussichtsreichen) Nebenwegen.

Wir starten in **Bruckmühl** bei der Mangfallbrücke auf der linken Flußseite und folgen den Schildern (grün auf weißem Grund) zunächst bis zum Mangfall-

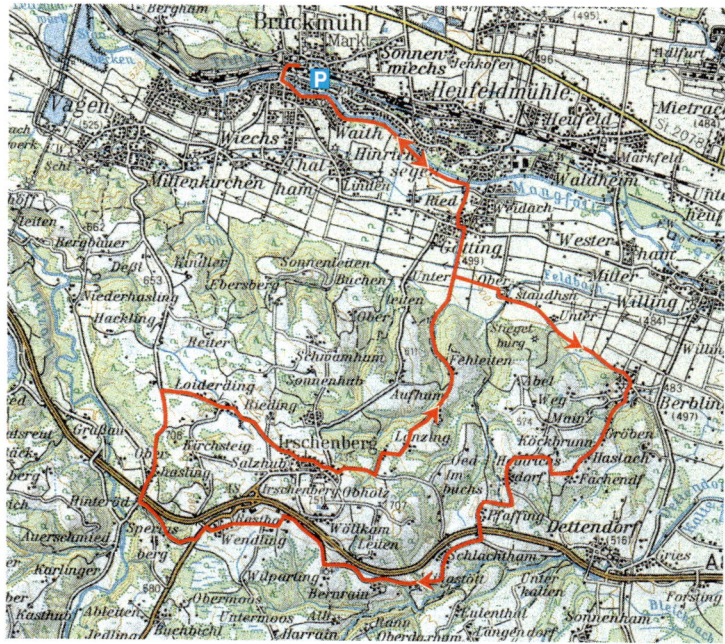

*Radler kurz vor Berbling.*

steg bei **Götting**. Dort radeln wir durch die Mühlenstraße und (gegenüber) auf der Fehleitenstraße 900 m nach hinten, wo wir links abbiegen und (500 m ungeteert) nach Ober- und Unterstaudhausen fahren.

Am Waldrand entlang kommen wir nach **Berbling**, kurven rechts herum, treten an der Kirche (Besichtigung einplanen) und am »Oberwirt« links vorbei und folgen dem Weg über Gröben und Fachendorf nach Heinrichsdorf (halbkreisförmig nach links).

Wir nehmen den Weg über Pfaffing und Schlachtham (über die Autobahn und dann an ihr entlang) nach **Wendling** (unterhalb Irschenberg). Da geht's bergab zur Autostraße (Miesbach – Irschenberg), auf ihr 350 m links und dann sofort wieder rechts, so daß wir unter der Autobahn durch nach **Oberhasling** kommen. 1 km dahinter (auf ungeteertem Feldweg) treffen wir auf die scharfe Kurve der wenig befahrenen Autostraße (rechts) nach Loiderding hinauf.

Wir radeln durch **Irschenberg** hindurch, unterhalb der Kirche und geradeaus am Gasthof »Post« vorbei, links in den Wald und nach der Kurve links abwärts über Buchfeld, Lanzing und Fehleiten nach **Götting** (Mühlenstraße). Über den Mangfallsteg kommen wir zum **Ausgangspunkt** zurück.

# 35 Von Bad Aibling ins Hügelland

Radwanderwege über hügeliges Bauernland

**Bad Aibling – Dettendorf – Irschenberg – Niklasreuth – Au – Dettendorf – Bad Aibling**

Der Kurort Bad Aibling mit seinen hübschen Bürgerhäusern entstand aus dem 804 erwähnten agilolfingischen Königshof und seiner Burg. Wie so oft entwickelte sich am Fuß des Burgberges, im Schutze des Burgherren, ein

**Ausgangsort:** Bad Aibling, 500 m.
**Ausgangspunkt/Parkmöglichkeit:** Bahnhof Bad Aibling.
**Strecke und Fahrzeit:** 34 km, 2¾ Std.
**Anforderungen:** 270 Hm Steigungen, nur geteerte Wege.
**Einkehrmöglichkeiten:** Ghf. Weingast (Do Ruhetag) in Kematen, Ghf. Forellen Stuben (Mo Ruhetag) in Oberhofen.
**Bademöglichkeit:** Freizeitanlage Bad Aibling (Ende Mai–Mitte Sept.), ✆ 08061/1651.
**Sehenswert:** Bad Aibling, Kirche St. Jakob in Willing (Rokoko-Stuck).

*Durch Dettendorf mit seinen Apfelbäumen kommen wir auf dieser Runde zweimal.*

Ort (Epilinga). Im 13. Jh. wurde der Ort wittelsbachisch, im 14. Jh. war Aibling schon ein Markt, und 1844 eröffnete man das Moorbad.
Zwischen Bahnhof und Bahn-Parkplatz in **Bad Aibling** schlängelt sich ein Radweg am Bahngleis entlang zur Westendstraße, wo der große, gut beschilderte *Fuß- und Radwanderweg (alte Bahnlinie)* nach Bad Feilnbach beginnt. Auf ihm fahren wir über die Mangfall und über den *Mangfalltal-Radweg* und südwärts weiter nach Willing, Berbling und **Dettendorf**.
Da biegen wir rechts ab, radeln an der Kirche vorbei bergauf, dahinter wieder bergab und unter der Autobahn durch. Jetzt genießen wir besonders unseren Bauernweg, wenn wir neben der PS-Piste weiterradeln dürfen, ohne plattgewalzt zu werden, bis zur Wallfahrtskirche **Wilparting** hinauf. Danach nehmen wir den Weg links bergab über Hochholz, Untermoos und Poschanger, fahren dort links auf die Autostraße und nach 1,2 km wieder links ab nach Grub. Die Senke über Grund nach **Niklasreuth** hinauf bietet uns einen besonders reinen Radler-Genuß. Dann bleiben wir (links) auf dieser Straße bis nach **Au** hinunter, wo wir vor der Kirche links auf die auswärts (Thalham) führende Straße einbiegen. Über Oberbrennrain und Kematen kommen wir nach Oberhofen, sausen 800 m abwärts und schwenken links hinaus.
Über Sonnenham radeln wir nach **Dettendorf** (vor der Autobahn rechts auf den Radweg und dann links unter der Autobahn durch) und auf dem *Fuß- und Radwanderweg (alte Bahnlinie)* zurück zum **Ausgangspunkt**.

# 36 Von Bad Aibling nach Bad Feilnbach

Radlweg ins Apfelland

**Bad Aibling – Au – Berg – Bad Feilnbach – Au – Bad Aibling**

**Ausgangsort:** Bad Aibling, 500 m.
**Ausgangspunkt:** Bahnhof Bad Aibling.
**Parkmöglichkeit:** Am Ausgangspunkt oder in Mitterham-Willing.
**Strecke und Fahrzeit:** 30 km, 2¼ Std.
**Anforderungen:** 110 Hm Steigungen.
**Einkehrmöglichkeiten:** Ghf. Beckenlehner (Di u. Mi Ruhetag) in Au, Ghf./Pens. Kistlerwirt (Mi Ruhetag) in Bad Feilnbach.
**Bademöglichkeit:** Freischwimmbad Bad Feilnbach, ✆ 08066/1444; Freischwimmbad Au, ✆ 08064/1565.
**Sehenswert:** Die Obstgärten.

Auffallend auf dieser Radwanderung sind die vielen schönen Obstgärten. Die geschützte Lage begünstigt ein Klima, das Äpfel, Birnen und Zwetschgen reifen läßt. Überall stehen schöne Holztafeln vor den Höfen und bieten an: Ungespritztes »Obst ab Hof«. Dieses Angebot sollte man nutzen!

Wir radeln vom **Bahnhof** auf dem *Fuß-und Radwanderweg (alte Bahnlinie)* nach Mitterham-Willing (wie bei Tour 35 beschrieben) und weiter bis **Au** (507 m). Dort stoßen wir mit der Kohlbachstraße an die Hauptstraße und überqueren sie. Drüben wenden wir uns vom Weitmoosweg nach rechts und radeln durch die Heubergstraße und Aubachstraße, an der Kirche vorbei in die Niklasreuther Straße. Sie bringt uns bergauf zur Linksabzweigung nach **Berg** (540 m). Wir genießen den Ausblick übers Moos, während wir über die Bergflanke auf Brettschleipfen und Wilharting zu radeln. Nun müssen wir zur Autostraße hinunter.

Wir fahren bei der Lippertskirchener Kirche wieder rechts bergauf. So kommen wir auf dem Bichlweg nach **Bad Feilnbach** hinein, über den Bach und auf der Kufsteiner Straße links die Bahnhofstraße hinunter zum Bad. Kurz davor finden wir über den Bachsteg zum »Kistlerwirt« hinüber und gegenüber in die Flurstraße, auf der wir nach **Wiechs** (497 m) hinausradeln. Vor der Kirche (St. Laurentius, mit eingeschnürter Turmhaube, innen farbig getönter Wessobrunner Stuck) schwenken wir links auf den Weg zur Moosmühle ein. Dort kurven wir wieder links herum, rechtwinkelig am Tennisplatz vorbei und so zur Münchener Straße (halblinks abbiegen), daß wir nach ihrem Überqueren neben der Ackerpointstraße zum Jenbachbrückerl kommen (mit den vielen Radwege-Schildern beiderseits der Straße).

Unser Weg setzt sich rechts am Jenbach entlang fort, führt an der Mooskapelle vorbei nach **Au**, und wir erkennen schon bald den Weg wieder, auf dem wir hergekommen sind und radeln zurück nach **Bad Aibling**.

*Der »Kistlerwirt« in Bad Feilnbach lädt zur gemütlichen Rast.*

# 37 Um die Filze im Rosenheimer Becken

Ebene Moor- und Radwanderwege

**Rosenheim – Bad Aibling – Au – Bad Feilnbach – Kirchdorf – Rosenheim**

**Ausgangsort:** Rosenheim-Oberwöhr, 450 m.
**Ausgangspunkt/Parkmöglichkeit:** MTV-Ghs. Turneralm beim Mangfallsteg.
**Strecke und Fahrzeit:** 40 km, 3 Std.

**Anforderungen:** 75 Hm, geteerte Wege.
**Einkehrmöglichkeiten:** Ghs.Turneralm (Mi Ruhetag) in Oberwöhr (am Steg); Ghf. Lichtnecker (Mi u. Do Ruhetag) in Kirchdorf.

Rund um Rosenheim gibt es drei besondere Radwanderwege: Der *Mangfalltal-Radweg* (Zeichen: 4 grüne Kugelbäume auf weißem Grund) ist durchgehend von Feldolling (Feldkirchen) bis in die Stadt Rosenheim ausgebaut, der *Fuß- und Radwanderweg (alte Bahnlinie)* führt von Bad Aibling bis Au und Bad Feilnbach und der *Inntal-Radweg* von Kiefersfelden bis Wasserburg. Bei dieser Tour benützen wir alle drei.

Wir fahren von der »Turneralm« in **Rosenheim-Oberwöhr** über den Steg, drüben ca. 200 m auf der Fahrstraße stadteinwärts und biegen dann links ab auf den *Mangfalltal-Radweg* bis **Kolbermoor**, wo wir nach links über Kanal und Fluß radeln (die Straße nach Mitterhart führt über zwei Brücken). Der *Mangfalltal-Radweg* läuft dann am rechten Ufer flußaufwärts bis zur Bad

*Ein blumengeschmückter Hof in Bad Feilnbach.*

*Auf dem Fuß- und Radwanderweg zwischen Bad und »Kistlerwirt« in Bad Feilnbach.*

Aiblinger Brücke (die Straße überqueren) und drüben weiter, bis er sich mit dem aus **Bad Aibling** kommenden *Fuß- und Radwanderweg* (nach Bad Feilnbach) in Mitterham-Willing kreuzt. Von da an geht's auf dem *Fuß- und Radwanderweg (alte Bahnlinie)* südwärts bis **Au**. Dort stoßen wir (mit der Kohlbachstraße) an die Hauptstraße, überqueren sie und wenden uns drüben (Weitmoosweg) nach links (Schilder: Radweg nach Bad Feilnbach).

In **Bad Feilnbach** fahren wir bis zum Freibad-Parkplatz, schieben über den Steg zum »Kistlerwirt« hinüber und radeln gegenüber auf der Flurstraße nach Wiechs. Wir fahren zwei Ecken aus, dann an den Nordrand von Kleinholzhausen (alles ist beschildert). Über Großholzhausen und Spöck fahren wir nach **Kirchdorf** zur Kirche und vor ihr links zum Ortsrand (Richtung Inn-Altenmarkt), wo uns links ein Abkürzer (1m breit) sehr angenehm zum (in der Ferne schon sichtbaren) Inndamm führt.

Auf dem *Inntal-Radweg* »treten wir rein« und sind in Null Komma nichts in **Rosenheim**. Kurz vor der Mangfallmündung (Sichtweite) stoßen wir (links, über die Brücke) auf den *Mangfalltal-Radweg*.

Ihm folgen wir knapp 2 km flußaufwärts zur Straße nach Aisingerwies/Oberwöhr und radeln zwischen den zwei Brücken (Fluß und Kanal, Radwegschild!) am Kanal entlang auf einer schmalen »Radweg-Allee« zum Steg und zum **Ausgangspunkt** zurück.

# 38 Von der Mangfall zum Sulzberg

Weg durch die Filze

**Mitterhart – Westerndorf – Kleinholzhausen – Schwarzlack und zurück**

**Ausgangsort:** Mitterhart bei Kolbermoor, 463 m.
**Ausgangspunkt/Parkmöglichkeit:** Hot.-Gst. Zur Post (Fr Ruhetag) in Mitterhart.
**Strecke und Fahrzeit:** 28 km, 2 Std.
**Anforderungen:** 70 Hm Steigungen.
**Einkehrmöglichkeiten:** Ghf. Neiderhell (Di Ruhetag) in Kleinholzhausen; Gasthaus Schwarzlack (Di Ruhetag, ganzj. bew.).
**Bademöglichkeit:** Freibad Kolbermoor, ✆ 08031/91727; Freischwimmbad Großholzhausen, ✆ 08034/7793.
**Sehenswert:** Das Moor, die Kirchen in Westerndorf und Schwarzlack

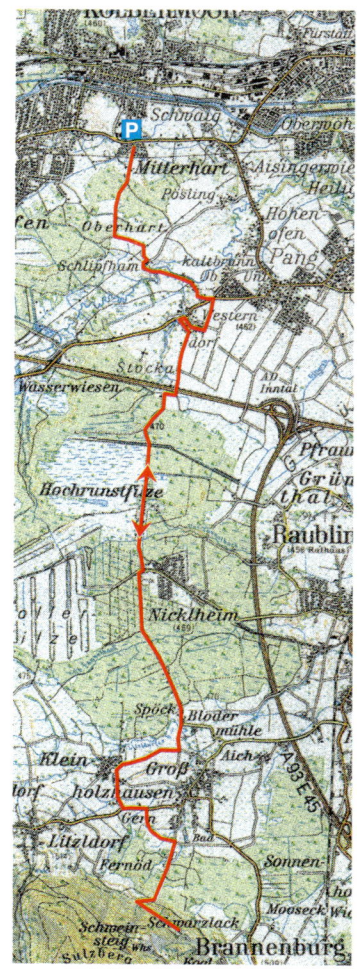

Gleich am Anfang unserer Radwanderung haben wir einen guten Blick auf die St. Johannes-Baptist-Kirche (Heiligkreuz) in Westerndorf bei Pang. Sie hat die ungewöhnliche Form eines im Erdboden fast bis zu seiner Zwiebelhaube versunkenen Riesenkirchturms. Ihr Kirchturm steht aber tatsächlich neben ihr und scheint nur, von Pang aus gesehen, aus der Kirchenzwiebel herauszuwachsen. Dieser runde (!) Kirchenbau mit der Riesenkuppel (20 m Durchmesser) steht direkt an der Straße.

Direkt neben dem **Ausgangspunkt** führt unser Weg nach Süden, nach Schlipfham und bei Oberkaltbrunn (in den Nähe von Pang) an die Autostraße (Blick zur Kirche). Wir überqueren sie und radeln drüben 400 m auf dem geteerten Feldweg weiter. Dann schwenken wir rechts ein nach **Westerndorf** und zur Kirche. Zwischen Kirche und Weiher verlassen wir die Autostraße wieder südwärts, biegen am Ortsrand rechts ab und radeln zur Autobahnüberführung.

So kommen wir (über das Torfwerk Nicklheim) bis vor Großholzhausen (rechts schwenken) und nach **Kleinholzhausen**. Am Gasthof »Neiderhell« fahren wir vorbei und stoßen auf die Autostraße (Litzldorf – Großholzhausen), auf der wir 300 m links fahren, bevor wir rechts auf den Feldweg einbiegen, der uns zum Freibad bringt.

Schon vor dem Bad, rechts, am Sportplatz vorbei und kerzengerade in den Wald hinein, radeln wir 400 m bis ganz nach hinten, wo der Weg rechtwinkelig rechts abknickt. Nach dieser Kurve zweigen wir bald links ab und schieben den 600 m langen und steinigen steilen Weg zum Wallfahrtsort **Schwarzlack** hinauf.

Der Name erinnert an eine Sage. Ein Einsiedler soll hier ein Marienbild gefunden haben. Es soll auf einem Baumstamm und dieser in einer schwarzen Pfütze (mundartl. bayerisch: Lacken) gelegen haben. Das Bild hängt heute recht unscheinbar überm Altar in der Wallfahrtskirche Mariahilf.

Der **Rückweg** ist derselbe wie der Herweg.

*Litzldorf im Abendnebel.*

# 39 Von Bad Feilnbach nach Rosenheim

Filz-, Wald-, Dorf- und Radwege

**Bad Feilnbach – Kleinholzhausen – Nicklheim – Aising – Happing – Rosenheim – Klienholzhausen – Bad Feilnbach**

**Ausgangsort:** Bad Feilnbach, 539 m.
**Ausgangspunkt/Parkmöglichkeit:** Ghf./Pens. Kistlerwirt (Mi Ruhetag) in Bad Feilnbach.
**Strecke und Fahrzeit:** 37 km, 2¾ Std. (hin und zurück).
**Anforderungen:** 90 Hm Steigungen, gute Wege.
**Einkehrmöglichkeiten:** Café Moosmühle (Fr Ruhetag) im Moos/Bad Feilnbach; Ghs. Kellerer (Mo Ruhetag) in Großholzhausen; Seerest. Hubertus (Mo Ruhetag) am Happinger See.
**Bademöglichkeit:** Freischwimmbad Großholzhausen, ✆ 08034/7793; Happinger See.
**Sehenswert:** Moosmühle und Happinger See.

Diese Tour ist beliebig ausbaufähig. Weg-Fortsetzungen gibt es durch den *Mangfalltal-Radweg* oder den *Inntal-Radweg* bis Wasserburg, zum Simssee und zum Chiemsee – und das auf Rad- und Nebenwegen!

*Auf dem Inntal-Radweg südlich von Rosenheim.*

Wir beginnen gegenüber dem »**Kistlerwirt**« in der Flurstraße und fahren in **Wiechs** an der Kirche vorbei geradeaus ins Derndorfer Moos. Dabei kreuzen wir nacheinander zwei Teerwege, wodurch wir uns aber nicht aus unserer bisherigen Richtung bringen lassen, und radeln am Nordrand von **Kleinholzhausen** entlang. Radweg-Schilder weisen uns nach Spöck und **Nicklheim**. Beim Nicklheimer Torfwerk fahren wir rechts und noch etwa 1 km weiter. Dann biegen wir dort, wo man früher die Gleise überquert hat, links ab, radeln zum Waldrand hinüber und in den Tannelholz-Weg hinein. Wir fahren in nördlicher Richtung (1,3 km geradeaus) durch den Wald und folgen dann unserem Weg nach rechts über die Autobahn (A 93). Drüben geht's wieder links (nördlich) weiter (durch das Grüntal) dicht an der Autobahn entlang und am Autobahndreieck Inntal vorbei (zwei Überquerungen) nordwärts auf **Alsing** zu. Von der Kirche aus radeln wir auf der Grünfeldstraße zur Seestraße nach **Happing**, zur Ausflugsgaststätte (Seerestaurant »Hubertus«), weiter am Moosbach entlang (Waldstraße und Moosbachstraße) und am Floriansee vorbei zur **Rosenheimer Innbrücke** (Innstraße), wo wir (über die Mangfall!) auf den *Mangfalltal-Radweg* stoßen.

Für den Rückweg bleiben wir 6 km auf dem *Inntal-Radweg* bis zur Autobahnbrücke über den Inn und danach noch einmal 3,5 km bis **Kirchdorf** (kurz vor Kirchdorf führt ein Abkürzer nach rechts ins Dorf hinüber). Vor der Kirchdorfer Kirche nach rechts, finden wir durch die Radwegschilder leicht nach Spöck, Groß- und **Kleinholzhausen** und nehmen denselben Weg zurück nach **Bad Feilnbach**, auf dem wir hergekommen sind.

# 40 Drei Badeseen am Radlweg

Müheloses Radeln und schönes Baden

**Kleinholzhausen/Großholzhausen – Kirchdorf – Neubeuern – Reischenhart und zurück**

**Ausgangsort:** Kleinholzhausen, 475 m.
**Ausgangspunkt/Parkmöglichkeit:** Ghf. Neiderhell (Di Ruhetag) in Kleinholzhausen.
**Strecke und Fahrzeit:** 35 km, 2½ Std.
**Anforderungen:** 40 Hm Steigungen.
**Einkehrmöglichkeiten:** Am Ausgangspunkt und in Neubeuern, Seegaststätte Hochstraßer Alm in Rohrdorf.
**Bademöglichkeit:** Freischwimmbad Großholzhausen, ✆ 08034/7793; Hochstraßer Seen; Freibad Neubeuern, ✆ 08035/2015; Warmfreibad Nußdorf, ✆ 08034/6325; Strandbad Flintsbach, ✆ 08034/1081; Reischenharter See, ✆ 08035/4235.

Neubeuern, das wir auf unserer Runde eigentlich links liegen lassen, ist auf jeden Fall einen Besuch wert. Es liegt am Rande des Samerberges und ist als Luftkurort anerkannt. Das Schloß auf dem Berg ist schon von weitem sichtbar. Der Ort besitzt einen historischen Marktplatz mit Lüftlmalereien an mehreren Häusern, besonders am Verkehrsamt.

Wir radeln vom **Gasthof** zur Autostraße, dort 300 m links und biegen dann rechts in den (geteerten) Feldweg ein, der uns zum **Freischwimmbad Großholzhausen** bringt. Weiter geht's in derselben Richtung, am Kfz-Sperr-Schild vorbei zu dem in einer Baumgruppe versteckt liegenden Bauernhof an der Brannenburger Straße. Wir überqueren sie und fahren direkt gegenüber auf dem geteerten Feldweg weiter zum Waldrand, dort nach links, und wir kämen so nach Aich, wenn wir nicht schon 100 m vor dem ersten Haus links abbögen. Wir fahren in **Großholzhausen** ein und nach den ersten beiden Höfen rechts hinaus auf die Straße, um sofort wieder die Spitzkehre nach links zu nehmen. Aufgepaßt: Die Kirchfeldgasse biegt nun gleich nach rechts hinein! Wir folgen ihr. Bei den bald auftauchenden Radwegschildern folgen wir denen nach **Spöck – Kirchdorf** und überqueren den Inn.

*So sehen die Wegweiser am Inntal-Radweg aus.*

Drüben schwenken wir sofort nördlich ab und radeln flußabwärts, unter der Autobahn durch zum **Hochstraßer See**.
Danach kehren wir zur Innbrücke bei Altenmarkt zurück und fahren (nach **Neubeuern** hinein?) auf dem Damm weiter zum **Badesee Neubeuern**, der sich als Rastplatz ebenso eignet wie als Badeplatz. Unser Weg läuft nach Süden weiter am Inn entlang bis zur Brücke bei Nußdorf. Wir überqueren sie. Drüben finden wir leicht den »Brückenwirt« und daneben den *Inntal-Radweg*, auf dem wir nordwärts über Schwaig, Steg, Gmain, **Reischenhart** und Thalreit nach **Kirchdorf** kommen. Da kennen wir uns wieder aus.
Über Spöck und Großholzhausen fahren wir zurück zum **Ausgangspunkt**.

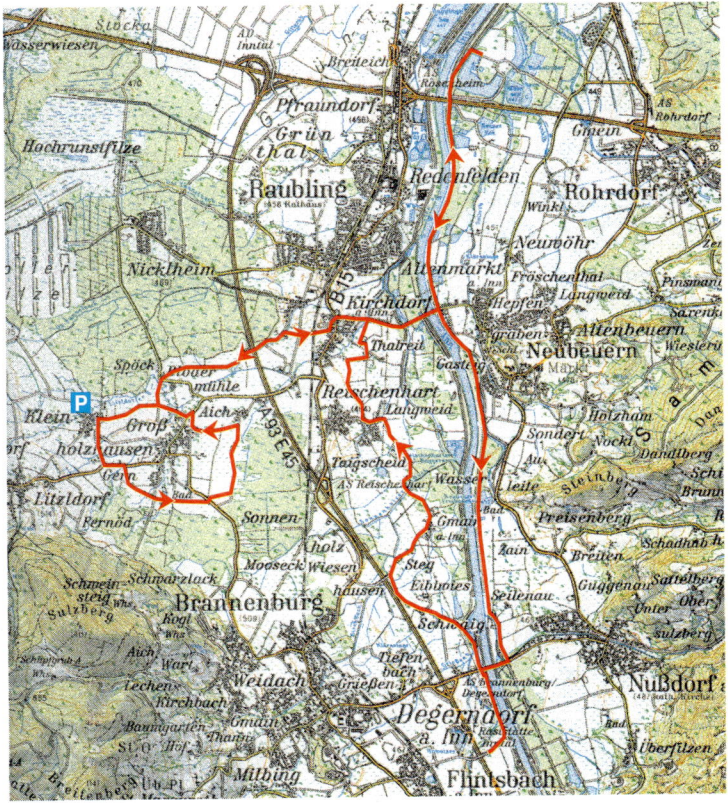

# 41 Brannenburg: Berg- und Talfahrt

Um Brannenburg herum und am Inn entlang

**Brannenburg – Flintsbach – Gletschergarten – Reisach und zurück**

**Ausgangsort:** Brannenburg, 478 m.
**Ausgangspunkt/Parkmöglichkeit:** Ghs. Zum Schloßwirt, 512 m.
**Strecke und Fahrzeit:** 27 km, 2 Std. (ohne St. Margarethen).
**Anforderungen:** 100 Hm Steigungen, gute Ortsrandwege.
**Einkehrmöglichkeiten:** Ghs. Zum Schloßwirt (Mo u. Di Ruhetag) in Brannenburg; Ghs. Brückenwirt (Di Ruhetag), Nußdorfer Str. 57 (zwischen Innbrücke und Autobahn).
**Bademöglichkeit:** Strandbad Flintsbach, ✆ 08034/1081.
**Bergbahn:** Wendelstein-Zahnradbahn (9.00–15.00 Uhr stündl. ab Talstation Brannenburg).
**Sehenswert:** Schloß Brannenburg, Wallfahrtsort Schwarzlack (siehe Tour 38), Wendelstein (1838 m), St. Margarethen, Gletscherschliff, Kloster Reisach.

Am Ausgangs- und Zielpunkt gibt es sehenswerte Gebäude zu bestaunen: In Brannenburg ist es das 1872/75 neugotisch umgestaltete Schloß. Es hieß früher nach dem »Goldenen Ritter« Kaspar Winzerer auch das »Winzererschloß«. Herzog

*Der Inntal-Radweg bei Flintsbach.*

*Das Schloß Brannenburg.*

Albrecht hatte es ihm mit der Hofmark Brannenburg für treue Dienste verliehen. In Reisach sollte man das Karmelitenkloster besuchen, dessen Kirchen- und Klosterbau die größten Süddeutschlands sind. Unterwegs gibt es ein besonderes Schaustück der Natur zu sehen: den Gletscherschliff bei Laar.
Wir fahren vom **Ausgangspunkt** aus durch die Mühlenstraße und treffen so auf die Sudelfeldstraße, der wir aufwärts zum Talbahnhof der Wendelstein-Zahnradbahn folgen. Anschließend sausen wir auf der Erlacher- und Tatzelwurmstraße nach **Flintsbach** hinunter und dort durch die Alpenstraße zum Auweg. Wer schon eine Erfrischung nötig hat, kann hier in den See springen. Weiter geht's unter der Bahn durch und über die Autobahn zum Inn. Auf dem Flußdamm radeln wir in südlicher Richtung. Nach 4 km fahren wir rechts hinaus (Laar), unter der Autobahn durch und sofort rechts auf dem ungeteerten Feldweg (parallel zur Autobahn) etwa 300 m weiter. Rechts oben, 15 m entfernt, sehen wir schon das Einlaß-Gittertor in den **Gletschergarten**. Er ist gut begehbar und durch einen Handlauf gesichert (trotzdem Vorsicht: Kinder nicht ohne Aufsicht lassen, denn die Autobahn schneidet mittendurch!).
Wieder zurück auf dem Inndamm-Weg radeln wir rasch (denn die Autobahn dröhnt dicht daneben) bis **Reisach**, wo wir wieder rechts hinausfahren: etwa 100 m weit auf der Innstraße zum Gasthaus »Hansenbauer«. Hier biegen wir wieder rechts ein und sehen bald den großen Klosterbau linker Hand in hellem Ocker durch die Apfelbäume hindurchleuchten.
Der Rückweg zum **Ausgangspunkt** ist derselbe wie der Herweg.

*Der Gletscherschliff bei Laar ist sehr beeindruckend.*

# 42 Rund um den Nußberg

Berge, Seen und Kapellen

**Mühlbach – Mühlau – Reisach – Oberaudorf – Kiefersfelden – Mühlbach**

**Ausgangsort:** Mühlbach, 481 m.
**Ausgangspunkt/Parkmöglichkeit:** Ghs. Niederauer, Rosenheimer Str.125 in Mühlbach.
**Strecke und Fahrzeit:** 26 km, 2 Std.
**Anforderungen:** 130 Hm Steigungen, viele Wege suchen.
**Einkehrmöglichkeiten:** Ghs. Niederauer (Do Ruhetag); Ghs. Hansenbauer (Di Ruhetag) in Reisach; Bergghs. Baumgartenhof (Mo Ruhetag) in der Brünnsteinstraße bei Schöffau.
**Bademöglichkeit:** Bade- und Freizeitinsel »Innsola« in Kiefersfelden, ✆ 08033/69330; Kreutsee; Hödenauer See; Hechtsee; Kieferer See.
**Wasserskiverleih:** Wasserski Hödenauer See, ✆ 08033/6648, meistens von 9.00–18.00, am Rundkurs-Seilzug, Zuschauen und Mitmachen lohnt sich!
**Hinweis:** Personalausweis mitnehmen!
**Sehenswert:** Nußlberg-Runde, Sebastianskapelle, König-Otto-Kapelle, Kapelle Wildgrub, Brunschmiedkapelle, in Kiefersfelden von Juli bis Sept. um 19.00 Uhr Ritterspiele, ✆ 08033/8389 oder 08033/69394.

Kiefersfelden ist als Luftkurort und Wintersportplatz anerkannt. Die zu Beginn des Dreißigjährigen Krieges begründeten Ritterschauspiele haben Kiefersfelden bekanntgemacht. Eine weitere Attraktion ist das 1618 gegründete Dorftheater.

Vom **Gasthaus** fahren wir auf der Rosenheimer Straße 300 m südwärts, biegen dann links ab, radeln auf dem Wiesenweg abwärts, nach rechts, und treten 1 km weiter wieder zur Rosenheimer Straße hinauf. Bei Ried zweigt unser Radweg zur Schöffauer Siedlung und zur Brünnsteinstraße ab.

*Die König-Otto-Kapelle erinnert an König Ottos Reise nach Griechenland im Dezember 1832.*

*Die Wildgrub-Kapelle bei Mühlau.*

Das Berggasthaus »Baumgartenhof« (602 m) liegt gut 100 m höher als Kiefersfelden (493 m), und wir sehen schon, daß es sich gelohnt hat, denn hier gibt es Platz, Natur und Aussicht.

Dann geht's nach **Mühlau**. Von hier kann man zu Fuß einen Abstecher zur Brunnschmiedkapelle und zur Kapelle Wildgrub machen, 1 Std. hin und zurück. Mit dem Rad geht es von Mühlau am Mühlbach entlang abwärts, am Gfall-Stausee vorbei und dann steil (16%) hinunter. Achtung: Vom Gfall-Stausee aus (beim Gemeindegrenze-Schild Mühlbach) nur noch 900 m weit fahren (nämlich bis zum dritten Haus von Mühlbach) und da den steilen Bergweg rechts hinunterbremsen bis zum Brückerl (in Mühlbach!). Da können wir links die Franz-Huber-Straße nehmen, zum Gasthaus »Niederauer« radeln und anschließend auf der Mühlenstraße abwärts und nach der Bahnunterführung links (Florianistraße bergauf-bergab) 500 m weit fahren, bis wir rechts abbiegen (Sportplatzstraße). Auf der Schweinbergstraße, nach links, kreuzen wir vor der Autobahnzufahrt zur Innsiedlung hinüber und radeln durch die Kaiserstraße zur Erlenau-Siedlung. Nun erst rechts, dann links und durch den Waldstreifen, dann schnurren wir übers Auerbachbrückerl nach **Reisach** (470 m) mit dem sehenswerten Karmelitenkloster.

Danach kehren wir auf demselben Weg zurück nach **Oberaudorf**, umrunden auf dem Radweg (Schweinbergstraße) den Florianiberg und fahren über

Oberloh zum Bahndamm. An ihm entlang, südwärts, kommen wir auf dem Auweg zum Lohweg, dem wir links 200 m weit folgen, um beim Wegweiser »Kranzachstraße« nach rechts übers Kieferbach-Brückerl zu fahren. Drüben wieder rechts einschwenken und aufwärts in die Marmorwerkstraße. Wir bleiben immer am Kieferbach. So gelangen wir zur Sebastianskapelle (1611 als Pestkapelle erbaut) an der Kufsteiner Straße und sind mitten in **Kiefersfelden**. Über die Alte Rathausstraße und König-Otto-Straße fahren wir (in Richtung Grenze) zur **König-Otto-Kapelle** beim Zollamt (südlich vom Zollamt zweigt die Straße zum Hechtsee ab).

Die König-Otto-Kapelle wurde an der Straße nach Kufstein, direkt vor der Grenze rechts, in neugotischem Stil 1834 erbaut. Man erzählt sich, der junge König Otto sei im Dezember 1832 auf dem Weg nach Griechenland beim Überschreiten der Grenze gerade eingeschlafen und erst wieder in Kufstein erwacht. Er habe sich am nächsten Morgen zurückfahren lassen, um das Verlassen seiner Heimat in vollem Bewußtsein zu erleben und in echt romantischer Seelenbewegung den Abschiedsschmerz voll auszukosten.

Der Rückweg ist derselbe wie der Herweg bis zur Bahnunterführung beim **Hödenauer See** (Wasserski). Am Hödenauer See und am Kreutsee (dort rechts) vorbei, fahren wir wieder zum Wiesenweg (in Mühlbach) und auf der Rosenheimer Straße zurück zum **Ausgangspunkt**.

*Der Kreutsee bei Hödenau lädt zum Baden ein.*

# 43 Inntalwege östlich des Flusses

Radeln wie die Gletscher zogen

**Rohrdorf – Pinswang – Neubeuern – Nußdorf – Windshausen – Altenmarkt – Rohrdorf**

**Ausgangsort:** Rohrdorf, 461 m.
**Ausgangspunkt/Parkmöglichkeit:** Ghf. zur Post in Rohrdorf, Ortsmitte.
**Strecke und Fahrzeit:** 28 km, 2 Std.
**Anforderungen:** 30 Hm Steigungen, verkehrsarm, 3/4 des Weges Teer und Pflaster.
**Einkehrmöglichkeiten:** Ghf. zur Post in Rohrdorf, ✆ 08032/5041; Ghf. Schneiderwirt (487 m, Mo Ruhetag) in Nußdorf, ✆ 08034/2624.
**Bademöglichkeiten:** Badesee Neubeuern, ✆ 08035/2015; Warmfreibad Nußdorf, ✆ 08034/3625.
**Sehenswert:** Der Fluß und sein Tal.

Der nordwärts schürfende und südwärts zurückschmelzende Gletscher und später die Wassermassen der ausgehenden Eiszeit ließen einen 310 km² großen, tiefen See entstehen der vor 17 000 bis 13 000 Jahren von Kiefersfelden bis Attel (4 km südlich von Wasserburg) reichte. Zeugnis von der Aktivität des Eises auf dem Samerberg geben noch heute die Drumlins (elliptisch geformte Hügel der Grundmoräne) zwischen Roßholzen und Friesing.
Auf den Seeterrassen von Mangfall und Inn und auf den Schwemmkegeln an den Mündungen der Nebentäler ins Inntal entstanden erste Siedlungen (ab dem 8. Jh. urkundlich erwähnt). Die Wege zwischen ihnen paßten sich dem eiszeitlich

geprägten Gelände an – und diesen Wegen folgen wir auf dieser Radwanderung.

Wir fahren südwärts aus **Rohrdorf** hinaus und auf den Berg zu. Nach Überquerung der Straße biegen wir am Waldrand rechts ab und radeln genüßlich auf der geteerten, beinahe ebenen, fast verkehrsfreien Straße im Waldschatten nach **Pinswang** und Altenbeuern. Dort schwenken wir vor dem Friedhof halbrechts ein und bremsen zur Dorfstraße hinunter. Direkt gegenüber rollen wir weiter abwärts (ungeteert), fahren dann am Waldrand entlang und biegen beim Sportplatz in die Auerstraße links ein. Sie mündet in die Rosenheimer Straße, und diese stößt an die Innstraße. Gegenüber geht's weiter auf der Sailerbachstraße bis zum Brückerl (rechts) mit dem Wegweiser: Eichenstraße, Erlenweg, Birkenstraße. So kommen wir zum Inn und zum Freibad **Neubeuern**.

*Das schmucke Verkehrsamt in Neubeuern.*

Danach radeln wir auf dem *Inntal-Radweg* südwärts, überqueren bei **Nußdorf** die Straße und fahren gegenüber auf der breiten Straße weiter, bis uns der Standortübungsplatz zwingt (Schilder), links abzubiegen. Bald fahren wir auf das Asphaltwerk zu, und jetzt setzt sich unser Weg ungeteert, und voller Schlaglöcher in der bisherigen Richtung fort. Endlich wird er besser und läuft ungeteert aber gut fahrbar als Wiesenweg weiter bis zur Landesgrenze beim Zollamt **Windshausen** (Kreuzkirche).

Auf unserem Rückweg am Inndamm zweigen wir nicht rechts ab, dorthin, wo wir hergekommen sind, sondern fahren geradeaus auf den Wald zu. In ihm, etwa nach 100 m, stoßen wir auf die breite Pflasterstraße des Standortübungsplatzes und folgen ihr nach links zum Inndamm.

An ihm entlang fahren wir nordwärts bis Nußdorf, Neubeuern und **Altenmarkt-Neuwöhr**. Auf dieser Feldstraße fahren wir weiter in nördlicher Richtung, über die Autobahn, biegen 1 km weiter rechts ein, noch einmal 1 km weiter wieder rechts und kehren durch die Rohrdorfer Unterführung zum **Ausgangspunkt** zurück.

# 44 Auf den Samerberg

Bergwandern mit dem Fahrrad

**Nußdorf – Mühlthal – Grainbach – Törwang und zurück**

**Ausgangsort:** Nußdorf, 485 m.
**Ausgangspunkt/Parkmöglichkeit:** Warmfreibad Nußdorf (ca. April bis Oktober), ✆ 08034/3625.
**Strecke und Fahrzeit:** 24 km, 2¼ Std.
**Anforderungen:** 310 m Steigungen, alles geteert.
**Einkehrmöglichkeiten:** Café-Rest. Heuberg (Mi Ruhetag) in Nußdorf, ✆ 08034/2335; Gst. Jägerhäusl (Di Ruhetag) in Holzmann, ✆ 08032/8330; Café Schönblick (Mo Ruhetag) in Obereck (Samerberg), ✆ 08032/8324.

**Bademöglichkeit:** Badesee Neubeuern, ✆ 08035/2015; Warmfreibad Nußdorf, ✆ 08034/3625; Natur-Freischwimmbad zwischen Grainbach und Törwang.
**Bergbahn:** Hochries-Kabinenbahn (1569 m), ✆ 08032/8404, Talstat. in Grainbach (mit Bergbahnstüberl, ✆ 08032/8977).
**Hinweis:** Drachenflugschule (✆ 08032/8971) und Gleitschirmfliegen (an der Talstation der Hochriesbahn in Grainbach).
**Sehenswert:** Die Bergwelt Hochries, der Dorfplatz von Törwang, das Hochtal Samerberg, der Blick in den Chiemgau.

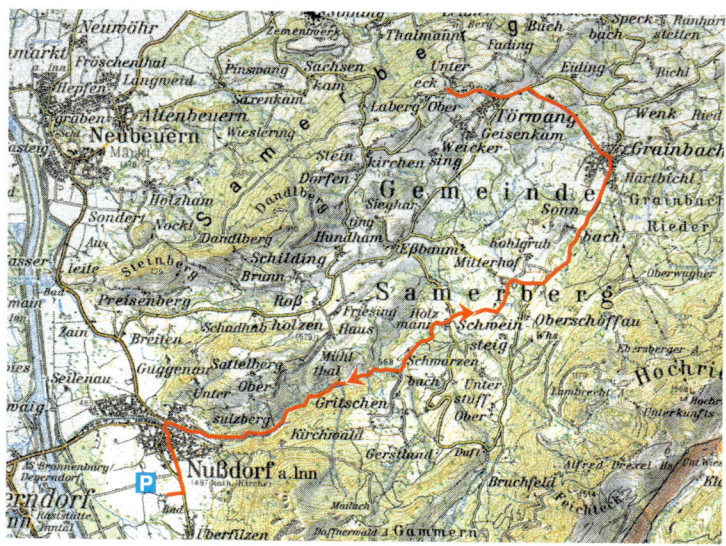

Der Samerberg wurde nach 600 durch Abholzung und Abbrennen besiedelbar gemacht. Vier Orte bilden heute die Gemeinde Samerberg. Das nebelarme Samerberger Hochtal (650–800 m) ist ein bezauberndes (Rad-)Wandergebiet mit allem, was dazugehört. Von der Aussichtskapelle hat man einen tollen Blick, für den sich die Aufstiegsmühen lohnen.

Fährt man von der **Badzufahrt** aus etwa 200 m in Richtung Nußdorf, findet man ein Wegkreuz. Bei ihm zweigt der Lindenweg rechts ab und bringt uns zur St. Vitus-Kirche, wo auch die alte Linde steht. Bei ihr links und gleich wieder rechts (Am Ring), kommen wir wieder zur Hauptstraße und, 100 m weiter, über den Steinbach. Rechts hinauf zieht sich der **Mühltalweg** am Bach entlang. Auf ihm kommen wir am Café »Heuberg« vorbei und treten bald bis Holzmann hinauf – so manch einer wird hier sicher schieben.

Von allen Wegen ins Samerberg-Hochtal ist dies der schattigste und auch der mit der »sanftesten« Steigung. Deshalb fahren wir, später, auf ihm auch wieder herunter (Weg merken!). Bei Holzmann queren wir schräg die von Eßbaum heraufkommende Straße und mühen uns weiter aufwärts nach Achenthal und Stampfl. Endlich dürfen wir aufatmen, denn auf dieser Höhe in etwa bleibend schnurrt unser Radl munter auf **Grainbach** (Hochriesbahn/Drachenflieger) zu. Wir sehen Grainbach schon von weitem, ebenso aber auch links drüben Törwang und unser zweites Ziel: die Aussichtskapelle. Von Grainbach fahren wir über die Samerstraße nach **Törwang** und treten/schieben dort zur **Kapelle** hinauf (diese letzte Mühe lohnt sich freilich nur, wenn auch Fernsicht-Wetter ist, dann aber ganz bestimmt).

So wie wir hergekommen sind, fahren wir zum **Ausgangspunkt** zurück.

*Von der Aussichtskapelle bei Törwang haben wir einen weiten Ausblick.*

# Stichwortverzeichnis

Die Zahlen hinter den Ziffern sind keine Seitenangaben,
sondern beziehen sich auf die Tournummern.

**A**gatharied  22, 23
Aising  39
Allerer  8
Alpachtal  15
Altenmarkt  43
Anger  5
Arzbach  4
Au  24, 35, 36
Auer Berg  20, 23
Auerhof  18
Auerschmiede  9
Aurach  27, 28

**B**ad Aibling  24, 33, 35, 36, 37
Bad Feilnbach  24, 36, 37, 39
Bad Heilbrunn  1
Bad Tölz  1, 2, 3, 4, 5
Bad Wiessee  13, 14
Bauer in der Au  13
Bayrischzell  30, 32
Berbling  34
Berg  15, 36
Bergbauer  19
Birkenstein  26
Blomberg, -bahn  3
Brannenburg  41
Bruckmühl  17, 18, 33, 34
Buchberg  1

**D**egerndorf  40
Dettendorf  35

**E**ffenstätt  24, 26
Egerner Promenade  15

Eichmühle, Freischwimmbad  4
Einhaus  10
Elendalm  32
Elendgraben  32
Elendsattel  32
Enterrottach  16, 31
**F**aistenau  26, 27
Feldkirchen-Westerham  17, 18
Fellach  7
Finsterwald  10
Fischbachau  26, 27
Fischhausen  25, 28, 29
Flintsbach  41
Fuß- und Radwanderweg (alte Bahnlinie)  24, 35, 37

**G**aißach  2, 4
Geitau  28
Giglberg  12
Gletschergarten  41
Gmund  10, 11, 12, 23
Götting  19, 34
Gotzing  12
Grainbach  44
Greiling  2
Greisbach  24
Großholzhausen  40
Großseeham  9
Grundnern  4
Gschwend  26

**H**aidmühl  22, 23
Hammer  26, 28, 30
Happing  39

Hausham  22
Heufeld-Westerham  33
Hochstraßer See  40
Hödenauer See  42
Höfen  6
Hohendilching  7
Holz  11
Holzkirchen  7, 8
Holzolling  18
Hundham  26

Inntal-Radweg  37
Irschenberg  19, 20, 34, 35
Isar  1, 2, 3, 4, 5

**J**achenau  6

**K**altenbrunn, Gut  13
Kiefersfelden  42
Kirchdorf  37, 40
Kleinholzhausen  38, 39, 40
Kleinkirchberg  20
Kleinpienzenau  9
Klooaschertal  32
König-Otto-Kapelle  42
Kolbermoor  33, 37, 38
Krainsberger Alm, Untere  25
Kreuth, Wildbad  13, 14, 16
Krottenthaler Alm  11

**L**aar  41
Langenau, Alm  16
Leger  6

118

Lehner 11
Leitzachtal 19
Lenggries 5, 6
Litzldorf 38
Loisach 1

**M**angfall 2, 20, 33, 38
Mangfall-Knie 18
Mangfall-Radweg 17, 18, 33, 35, 37
Mangfalltal 11, 12, 19
Marienstein 10, 13
Maxlrain 17
Miesbach 21, 22, 23
Mitterhart 38
Moosrain 11
Moraltalm 3
Mühlbach 42
Mühlthal 44
Müller am Baum 21

**N**eubeuern, Badesee 40, 43
Neuhaus 28, 29
Nicklheim 39
Niklasreuth 20, 24, 35
Nußdorf 43, 44
Nußlberg 42

**O**beraudorf 42
Oberhasling 34
Oberwarngau 8
Oberwöhr 37
Osterhofen 28
Osterwarngau 8
Ostin 23

**P**arsberg 21
Piesenkam 8
Pinswang 43

Potzenberg 21

**Q**uirinuskapelle 11

**R**amsau 1
Rehgrabenalm 6
Reichersbeuern 2, 10
Reichersdorf 9
Reindlschmiede 1
Reisach 41, 42
Reischenhart 40
Riedlern 14, 16
Ringsee-Bucht 14
Ringseeweg 13
Rohbogen 11
Rohrdorf 43
Rosenheim 33, 37, 39
Rote Valepp 31
Rottach-Egern 15, 16

**S**amerberg 44
Schaftlach 2, 8, 10, 11
Schlierach 21, 22
Schliersee 22, 25, 27, 28, 29
Schloßplatz Tegernsee 15
Schönauer Weiher 1
Schwaig 19
Schwaiger Alm 16
Schwaiger-Kapelle 11
Schwarzentennalm 14
Schwarzlack 38
Seeberg 30
Seehamer See 9
Sillberghaus 30
Sollach 7
Söllbachtal 14
Sonnenreuth 20
Spitzingsattel 29

Spitzingsee 29, 31, 32
Steinbach 3
St. Margarethen 41
St. Quirin, Kapelle 12, 15
Stuttensee 31
Sulzberg 38

**T**egernsee 11, 13, 15
Thalham 12, 21, 22
Thalmühl 11, 12
Törwang 44

**U**nterdarching 7
Ursprungtal 30, 32

**V**agen 17, 18, 19
Vallep 29, 31, 32
Valley 7

**W**ackersberg 3
Walchensee 6
Waldherralm 3
Wallberg 15
Warngau 7
Wegscheid 5
Weihenlinden 17
Weißachtal 14
Weiße Valepp 31
Wendelstein 28
Wendling 34
Westerham 17, 18
Westerndorf 38
Weyarn 9
Wiechs 19, 36, 39
Windshausen 43
Wörnsmühl 23, 27

**Z**ipflwirt 30, 32
Zwiesel 3

# Landkarten von Bayern

- in den verschiedensten Maßstäben
- als aktuelle Ausgaben der amtlichen topographischen Kartenwerke
- oder als dekorative Faksimiledrucke historischer Kartenblätter

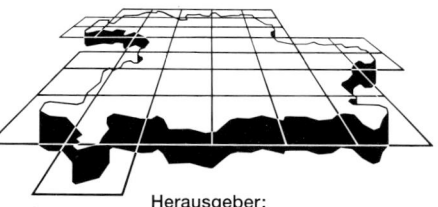

Herausgeber:
Bayerisches 👁 Landesvermessungsamt
Alexandrastr. 4, 80538 München

Vertrieb über den örtlichen
Buch- oder Landkartenhandel